めんどくさがりの自分を予定通りに動かす科学的方法

意志力を使わずに自分が勝手に動き出す！

明星大学教授
竹内康二

WANI BOOKS

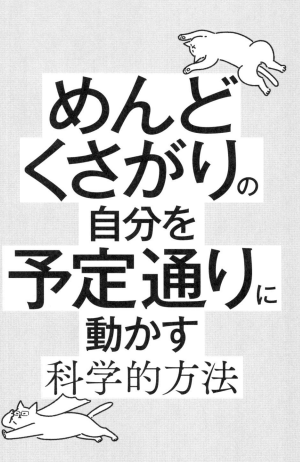

まえがき

自分を予定通りに動かすことができたら、どんなにいいでしょう。

「やらなければならない」とわかっているのに、始められない。

どうしても頑張ることができず、後回しにしてしまう。

ギリギリにならないと動き出せない人は、心も体も追いつめられてつらくなります。

仕事などでは、期限を守れなかったら、人からの信頼を失ったり、自分をダメな人間だと思い悩んだり、自己嫌悪に陥《おちい》るものです。

周りの人は、仕事や勉強、健康に関して、コツコツ行動して、成長したり、成果を出しているのに、なぜ自分にはできないのか……。

「自分の行動が思い通りにならない」という問題は、私たちを深刻に悩ませ、消耗させます。

本書は、**「なぜ、望まない結果が訪れるとわかっているのに、必要な行動を優先的に行なえないのか」という、多くの人が抱える問題に立ち向かいます。**

人間が生まれながらに持っている「行動の原理原則」を知り、受け入れて、利用してしまえば、行動の改善は案外簡単です。

行動科学に基づいた「すぐやる」「後回しにしない」ためのシンプルな技術を使えば、今よりも「自分を予定通りに動かす」ことが可能です。

目標達成、自分の時間の確保、心の余裕……。もっと人生が生きやすくなります。

●意志の力に頼って、今まで何か行動が改善されたことがありますか?

試験が迫っているのに、勉強が手につかない。

重要な仕事を任されてうれしいのに、なぜか気が乗らない。

脱いだ服がそのまま床に放置されている。

明日洗濯しようと毎日思っているけど、1週間も洗濯していない。

キッチンに汚れた食器が2日分溜《た》まっている。

自動車のオイルを交換する時期だが、そのままにしている。

家族の誕生日が迫っていて、プレゼントは決まっているのに、まだ買っていない。

親にそのうち電話すると言ったのに、半年電話していない。

病院に行くための有給休暇の申請をまだしていない。

出張の予定は決まっているのに、新幹線の席やホテルの予約をしていない。

先週の仕事の報告書が提出できていないままになっている。

部下が提出した書類の問題点を指摘するのが気まずくて、後回しにしている。

大事な商談なのに、相手との打ち合わせの日程調整を先延ばしにしている。

やる気満々で入会したスポーツジムなのに、２カ月以上行っていない。

私が耳にしたり、相談されたことのある「行動の悩み」をちょっと思い出して書いてみましたが、こんなにたくさんあります。

この世には、もっとたくさんの「すぐ取り掛かれない」「後回しにしてしまう」問題が存在していることでしょう。

人は、自分で予定を立てても、その通りに動けないものです。

ひとつ後回しにするだけ……。でも、気づくと、いくつもの物事が積み重なり、身動きが取れなくなり、あなたの人生はむしばまれて悲惨な結果を招きます。

自分は、めんどくさがりやだ、ズボラだ、グズだ……。決めたことをしっかりこなせないと、こう自分を決めつけてしまう気持ちはわかります。

しかし、この決めつけは、**行動できない原因を「心」や「性格」のせいにしてしまい、あなたを思考停止させてしまいます。**しかたがないとあきらめると、行動の改善はできません。

精神力のようなあいまいな力に頼って、今までうまくいったことがありますか？

行動力を高めるには、もっと違う方法が必要です。

●85年の研究成果。実践的で即効性アリ！　行動科学ならすぐやれる！

本書でご紹介していく行動分析学では、予定通りに行動が起こせない原因を**「本人の意志の力に求めない」**という特徴があります。

意志の弱さを行動できない原因にしてしまうと、対策は「強い意志を持つこと」というあいまいなものになってしまいます。これでは、具体的で持続可能な対策はできません。

さらに、予定通りに動けないことを「意志が弱い」と評価してしまうと、自分を精神的に追い込むことになってしまいます。

予定通りに行動を起こせないのは「本人を取り巻く環境に原因」がある。

周りの人、場所、時間などの「環境を調整する技術」があれば、多くの行動をコントロールできる。このように、行動分析学は考えます。

行動分析学は行動科学の一分野であり、「行動を予測し、コントロールすること」を目的とした学問です。

そして、その技術を開発する研究を約85年にわたって蓄積させてきました。

行動分析学は、アメリカの心理学者B・F・スキナーが創始した学問です。１９３８年にスキナーが出版した『個体の行動：実験的分析（The behavior of organisms: An experimental analysis）』を研究の起点にすることができます。

そして、最大の特徴は、**〝即効性にこだわり、実行のハードルを最小限に下げた〟行動力を高める技術**であることです。

この技術をあなたに身につけていただきます。

●手につかない、気が乗らない……、後回しグセを一発解決

手につかない、気が乗らない……。私たちは、すぐやる、後回しにしない、という社会人としての基本となることがなかなかできません。

では、集中力をみなぎらせ、脇目もふらずに課題に没頭する、物事を途中で放り出すなどみじんも思わない状態をつくり出すには、どうすればいいのでしょうか。

自分を変えて、日々の仕事や勉強、健康に関する課題にすぐ取り掛かり、やり遂げる。うしろめたさを感じずに胸を張って、趣味などのプライベートを楽しむにはどうすればいいのでしょうか。

「行動できない」という問題には、丸腰で立ち向かっても太刀打ちできません。「行動分析学」という、**データに基づいた実践的な武器を持って立ち向かいましょう。**

そして、予定通りに行動し、期限内に成果を出しましょう。

今では、他者から監視されない環境でのリモートワークが増えたことで、自分で時間や仕事の管理も行なわなければならなくなりました。

予定通りに自分を動かすことができなければ、今後の社会の変化に適応することも難しくなるでしょう。

●現場経験と指導経験を活かした「行動力を高める」スキル

私は、学校や企業で、一般的な対応では改善が難しい、行動上の問題に対して、行動分析学に基づいた方法で解決を試みる仕事を行なっています。現場で使える行動の技術を日々考え抜いてきました。

また、大学で生徒たちに行動分析学を教えるという役目も担っています。わかりやすく理解してもらうことを心がけてきました。

「現場での実践」「わかりやすく理解してもらう」、この2点を重視しながら本書を執筆しました。

行動科学に基づいた方法は強力な効果があります。役立つ情報だと思いますので、おつき合いいただければ幸いです。まずは、第1章を読んでみてください。

竹内康二

●本書のポイント●

行動分析学のシンプルな技術を使えば、行動は思いのまま！

1章 すぐやる、先延ばししないためには、
絶対に意志の力に頼ってはいけない！

2章 行動分析学は、データに基づいた
「即効性がある、実践しやすい」
行動力アップの技術！

3章 人間が持つ行動の「４つの原理」と
「１つの原則」を受け入れて、
利用すると“すぐやる人”になれる！

4章 ５つの行動コントロール法を使えば、
先延ばしは防止できる！

5章 行動分析学的に正しいツールの使い方を
知れば、予定通りに動ける！

6章 自分を“やさしく励ます”言葉がけの技術で、
うまくいかないときも行動力が下がらない！

7章 生活の中に、やるべき行動の回数を増やす
仕組みを忍ばせるコツを知れば、
大きな目標を楽に達成できる！

さあ、今から始めよう！

目次

第1章 行動の科学では、意志力を使わない！

～誰でもできるように開発された「先延ばししない、すぐやる」コツ～

第2章

思い通りにならない自分を予定通りに動かす「行動分析学」超入門

~「行動ってそもそも何?」から「効果的な記録法」まで~

第3章

行動の原理原則に抗《あらが》わない、利用する。

～「行動の前後」「結果のタイミング」が私たちを支配している～

第4章

新しい自分に変わる5つの行動コントロール法

～実践、行動分析学！～

第5章 やってのける人の具体策
〜賢い「スケジューリング」「ToDo」「強制始動」「時間利用」の技術〜

第6章 それでも、うまくいかないときのセルフコンパッション
~どんなときも〝何度でも〟〝やさしく〟自分をはげまそう~

第7章

今日から、日常の中に「自分が勝手に動き出す」仕組みを忍び込ませよう！

～最も伝えたい行動のコツ「5大強化子マトリクス」～

第 1 章

行動の科学では、意志力を使わない！

〜誰でもできるように開発された「先延ばししない、すぐやる」コツ〜

「すぐやる」ための行動科学

あなたが、重要な仕事を任されたときのことを、想像してみてください。

期限はまだまだ先なので、あなたは余裕をかましています。少しずつ作業を進めれば、いい仕事ができそうだと悠長《ゆうちょう》に思っています。

あなたは、雑事を終わらせておけば、この重要な仕事により集中できるだろうと考えました。どうでもいい雑事に取り掛かり、なかなか重要な仕事に手をつけません。

時折、手をつけようとしますが、どうにも気分が乗らず、時間ばかりが過ぎていきます。そうこうしているうちに、期限が近づいてきました。

いよいよあなたは、本腰を入れて仕事に取り掛かろうとします。しかし、気が進みません。作業に弾みがつきません。

どうにかこうにか集中力を奮い起こして仕事を始めても、些細《ささい》なことで気が散り、全然はかどりません。

もっと時間がたっぷりある日にやろうと考えて、今日は仕事をやめました。他の仕事をしなくていい日に、一気に進めようと計画します。

しかし、その日の朝がきましたが気が進みません。そうじをして気持ちを切り替えようとしますが、終わるとお腹が減って集中できそうにないことに気がつきます。

そこで、ご飯を食べてから一気に仕事を片づけようと計画しますが、気が進みません。

こんな、**先延ばしのパターンを繰り返してしまう人は驚くほど多い**のです。

そもそも自分で希望して就職した会社の仕事なので、やりたくないわけではないはずです。それなのに、なぜか手が進まない。

これまでの努力が評価されて、重要な仕事を任されたこともわかっているし、その期待に応えたい気持ちがあるにもかかわらず、先延ばしする日々……。

やりたいのにやれない自分――。

「どうせやらなければならない」とわかっていても、ギリギリまで取り掛かれない自分――。

どうしてこうなるのでしょうか？

そんな、思い通りにならない自分を、**「心理学」**の力、具体的には**「行動科学」**の力、もっと具体的には**「応用行動分析学」**の力を使って変えるのが、本書の目的です。

応用行動分析学に基づいて、「行動を起こすため、または、行動をやめるための対策を考える」ということです。

私たちは、社会生活で様々な問題に苦悩し、対処しています。問題の多くは「自分の行動が、思い通りにならない」ことに起因しているのではないでしょうか。

多くの人が「すぐに取り掛かれない」「先延ばししてしまう」ことで、多くの問題を抱えてしまっています。

私たちは、「行動についての科学的な知識を深め、思い通りに動けない自分に対処する技術」を身につける必要があります。

行動分析学に基づいたスキルがあれば、ずいぶん生きやすくなります。

特に、予定通りに動けない３つのこと

予定通りに行動が起こせず、**先延ばしが起きやすいことの代表は、仕事に加えて、勉強、健康**です。

もちろん他にも様々な領域で先延ばしが起こりますが、これらの領域では先延ばしが顕著《けんちょ》です。

必要なことなのに……。重要なことなのに……。なぜか、手をつけられずに放置されてしまいます。重要な仕事も、資格試験の勉強も、ダイエットも後回しになってしまいます。

なぜでしょうか？

たとえば、卒業論文のような自由度のある課題は特に始めにくいものです。

書き上げなければ卒業できないことは百も承知。さっさと終わらせて、スッキリしたいと思うものの始められない……。

締め切りが近づいて、周りの同級生の作業が進み、指導教員が叱咤激励《しったげきれい》してくるまで、なぜか始める気になれない……。

なぜでしょうか？

健康に関しては、スポーツジムが典型例でしょう。ダイエットしたいけど、食事制限はしたくない。そこで、ジムに入会します。

どこに入会するか検討しているときは、毎日のように通うことを想定して、優れた施設のジムを選びます。しかし、入会してしまうと思ったほど通いません。数カ月もすると、ほとんど行かなくなってしまいます。

あるスポーツジムのオーナーは、こんなことを言っていました。

「ジムが儲《もう》かるのは、入会した人の多くが利用しないからです。ほとんど利用しないのに、お金だけは毎月払ってくれる人ばかりでありがたいです」

行きたい気持ちがないわけではないのに、なぜか利用頻度《ひんど》は上がりません。

なぜでしょうか？

「どうすれば、やる気が出るのか？」と考えるのはムダ ←

仕事や勉強や健康に関する行動は、やらないまま放置していて、いいことはありません。場合によっては、大変まずい結果をまねきます。

仕事の納期を守らなければ、損害が発生して信用を失います。社会的立場が危うくなり、精神的にも追い込まれることでしょう。

勉強しなければ、必要な資格や学位は取れません。そこまでに投資した時間やお金や労力も、成果と結びつかずにムダになってしまいます。

改めて言うまでもありませんが、健康診断の数値が悪かった場合、そのまま放置すると様々な病気に発展するリスクがあります。高血圧や腎疾患《じんしっかん》、肝機能障害など、場合によっては、完全な治癒が見込めない状態となり、大変に不便な生活を送ることになるかもしれません。

健康診断によって明確な数値が示され、改善する方法も世にあふれていてわかっているのに、手を打たず放置してしまう。

「そのうちやる」「いつかやる」とは思っていますが、〝そのうち〟も〝いつか〟もなかなかやってきません。

先延ばしをする自分について、多くの人はどのように分析するでしょうか。

「自分はダメだ」とか、「気持ちが弱い」とか、「結局やる気がない」とか、自分を責める原因を見つける人が多いのではないでしょうか。

そうした考えは反省を促《うなが》し、次の行動に活かされるような幻想を抱かせますが、多くの場合、行動の改善にはつながりません。

「やる気がない」というような分析をしてしまうと、先延ばしのドツボにハマります。

なぜ、「やる気がない」と判断できたのでしょう。

それは、実際に行動を起こさなかったからです。行動を起こしていないという結果を見て、「やる気がない」と判断しているだけです。

逆に、バリバリと仕事をこなしながら「やる気がないなあ」と思う人はいないでしょう。

「行動できているときはやる気があり、行動できていないときはやる気がない」という分析は、行動の改善にはなんの役にも立ちません。

仕事、勉強、健康……、より良くなるための行動を起こすための〝強い動機〟は、すでに誰もが持っています。必要だと感じ、取り組みたいと思っているのです。

つまり、**「やる気があるのに、なぜやらないのか？」を考えるべきであって、「どうやったら、やる気が出るのか」を考えることに意義はありません。**

行動できないループにハマらないために

重要だとわかっているのに先延ばしにして、他のことばかりやってしまうのは、なぜなのでしょう。

人間は**「動機もやる気もあるのに、行動が起こせないメカニズム」**を持っているのです。

間違っても、「自分がやれないのはやる気がないからで、やる気を出すにはどうすればいいのか」などと考えないでください。

すでにあるやる気をないことにして、やる気を回復させる方法について悩むことに意味はありません。

すでに今存在しているやる気を〝行動に結び付ける方法〟を考えることが大切です。

「やる気がない」という分析をすることを**「循環論《じゅんかんろん》」**と言います。

循環論とは、説明が説明になっていないような説明を繰り返してしまう現象のことです。

たとえば、「どうして、やるべきことをやらないのですか？」（問1）という問いに対して、「やる気がないから」と答えたとします。

さらに、「どうして、やる気がないとわかるのですか？」（問2）と問われ「やるべきことをやっていないから」と答えます。

この場合の「やる気がない」は、行動

「やる気がない」という循環論

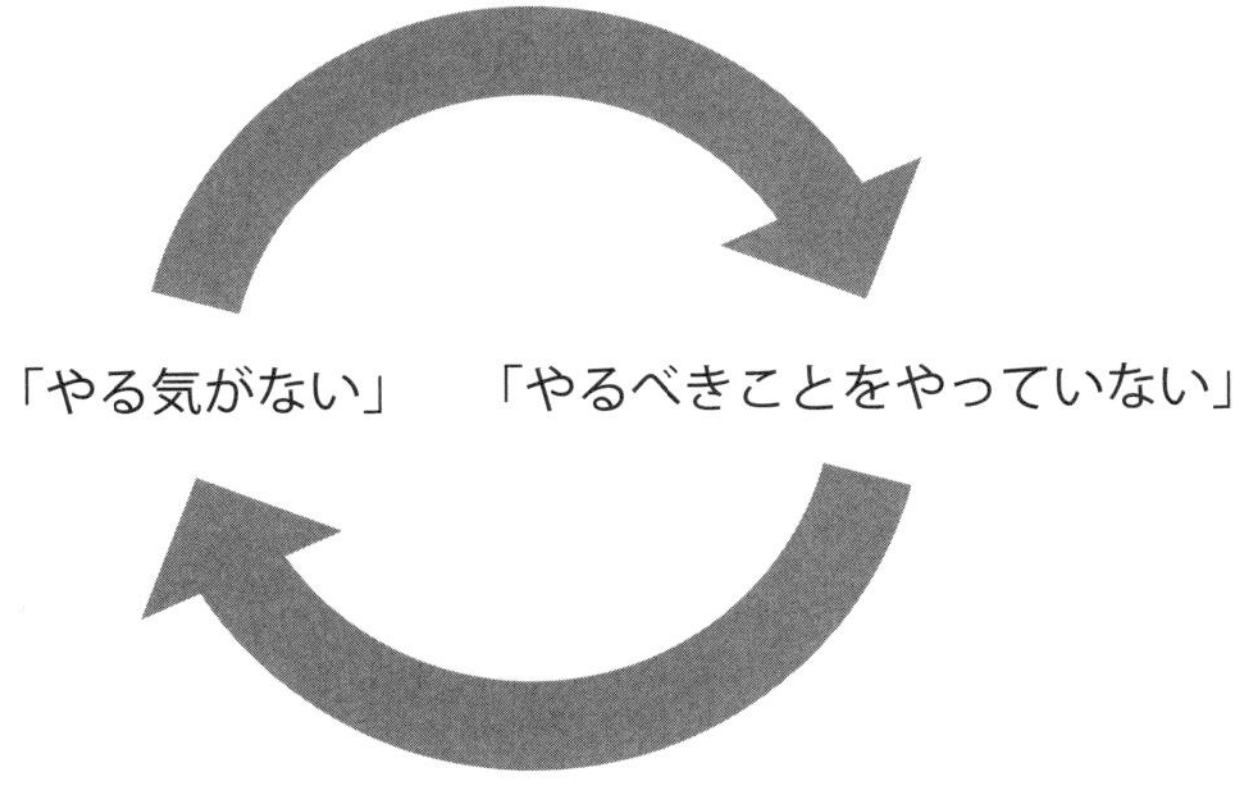

できない原因の説明になっていないのです。

結局、「どうして、やるべきことをやらないのですか？」という問いに対して、「やる気がない」を経由して、「やるべきことをやっていないから」と答えているだけなのです。

先延ばしを解決するポイント

予定通りに動けない自分を、「やる気がない」と自己否定をしても意味がありません。

先延ばしを解決するには、自分のいつもの行動パターンを冷静に観察する必要があります。

- **先延ばしとは、いったいどのような現象なのか？**
- **やるべきことをせず、代わりに何をしているのか？**

このように観察するのです。

何度も繰り返される行動のパターンがある場合、そのパターンはただの偶然ではなく、必然だと考えたほうがいいでしょう。

そのパターンを成立させてしまう、核心となる「コアな出来事」があるはずです。

思い通りに物事が進んでいないと認識している一方で、ある種の手ごたえを得ているかもしれません。

人が持つ悲しい習性とは？

ある重要な仕事に、なかなか手をつけられなくて、困っている人がいたとします。

後日、「あのあと、結局どうなったの？」と聞いてみると、最終的に締め切りに間に合ったようです。

締め切りギリギリになると火がついたように動き出し、土壇場《どたんば》の猛スパートによってなんとか帳尻《ちょうじり》を合わせていたのです。つまり、**思ったよりひどい目には遭《あ》っていません。**

実は、それが問題です。

本当にひどい目に遭えば、次からそんなことにならないようにもするのですが、思ったほどのことにはなっていないので、本気の対策をするに至りません。

しかし、そんな帳尻合わせの仕事は、長い目で見ると徐々に問題を蓄積させていきます。

締め切りには間に合っても、完成度が低く、間違いが複数あるような成果物であった場合、あなたの信頼は下がります。あなたの知らないところで、低い評価が広まっているかもしれません。

評判は徐々に浸透し、気がつかないうちに人も仕事もお金も離れていってしまいます。

しかし、そうした悪い結果はすぐに起きるわけではないし、起きていることに気づきにくいので、行動の改善を促《うなが》すことが難しいのです。

たとえ期限に間に合わなかった場合でも、「すみません」「申し訳ありません」と何度も言えば、それでその場は切り抜けられることが多いものです。

遅れてしまった理由をそれらしく言えば、むしろ、ねぎらいの言葉をかけてもらったり、手伝ってくれたりすることも少なくないでしょう。

私たちには、物事が遅れている状態を改めようとするのではなく、言い訳を見つけようとする悲しい習性を持っています。

言い訳は繰り返すほど上手になり、上手になればなるほど、うまく切り抜けられる確率も上がります。

切り抜けられる経験を積んでしまうと、先延ばしの解決に向き合うのは難しくなります。

私たちの行動は一見複雑ですが、その原理は比較的シンプルです。

「ちゃんとやらなくても、ひどい目には遭っていない。先延ばしにしても大丈夫」少なくとも、本人の視点からはそのように見えているのです。

「科学で行動をコントロール」が一番手っ取り早い！

繰り返しますが、私たちが思い通りに行動できない理由を、「やる気がない」からとする循環論にしてはいけません。

「行動できないメカニズムを分析」することが大切です。そうしなければ、行動改善の糸口がつかめません。

意志の力ではなく、行動科学の力を借りて解決すべきです。

私たち人類は、自分の行動の制御、コントロールに関してまだまだ無知です。自分の行動の解釈について、誤解や錯覚《さっかく》や思い込みばかりです。

行動できないとき、多くの人は自分に対して「言い訳する」か「自己否定による反省をしてみる」ものの、現実的な解決策を用意できません。心理学的、科学的な理論を基にした「自分を動かす行動の技術」を十分に知らないからです。

知っていることがあっても、それを生活の中で十分に使いこなすことはできていません。

日常生活における私たちの複雑な行動は、複雑な要因によって影響を受けます。同じような行動を繰り返していても、全く同じことをしているわけではなく、毎回少しずつ変化が生じています。

しかし、私たちはそうした複雑な要因が絡み合う世界の中でフリーズして、ただ溺《おぼ》れているわけにもいきません。

人間の行動に関して、今の私たちが理解できること、わかる範囲のことを寄せ集め、仮説を立てて検証を繰り返すしかありません。

仮説、検証を続けてきた行動科学の研究者が蓄積した知見を知ることで、より高い視座から自分の行動を俯瞰《ふかん》してみて、改善することが可能になります。

自分に合った行動制御の方法を見出すには、何度も靴を試着した上で自分の足に合った靴を見つける努力をするのと同じで、いくつかの方法を試すことが必要です。本書では、先延ばしせず、すぐやるための方法を複数紹介していきます。

ぜひ、試してみてください。

自分の行動を促す方法や、工夫の仕方を見つける努力はたとえ大変であっても、そこに時間と労力をかける価値が十分あります。

先延ばしのための言い訳と、自己否定のループから抜け出せる価値は計り知れないからです。

行動科学を知ると、着実にそして確実にメリットを実感することになります。

思い通りにならない自分を、予定通りに動かすことが可能になります。

意志の力ではなく、
行動科学で行動を
改善しよう！

第 2 章

思い通りにならない自分を予定通りに動かす「行動分析学」超入門

～「行動ってそもそも何？」から
「効果的な記録法」まで～

誰もが〝無理なく〟行動力を高めるための研究

すぐ取り掛かれない……。先延ばししてしまう……。

「自分の思い通りに行動ができない」という悩みは、行動科学の力で解決しましょう。

行動科学の中でも、応用行動分析学という学問はとても役に立ちます。

この章では、応用行動分析学の特徴を説明します。そして、応用行動分析学の観点から、**「なぜ人は、自分の思い通りに行動ができないのか？」を分析**していきます。

応用行動分析学は、行動分析学という大きな学問カテゴリーの中に含まれます。

行動分析学は、アメリカの心理学者Ｂ・Ｆ・スキナーが創始した学問で、文字通り「行動を分析する学問」です。

分析とは、行動に影響する要因（環境変数）を発見することを意味しています。つまり、行動分析学とは、ある行動が生じる環境側の原因を明らかにする学問です。

そして、行動分析学から得られた知見を、行動の改善に適用し、その効果を明らかにする学問体系を特に応用行動分析学と言います。

たとえば、応用行動分析学は、これまで障害者支援の分野で大きな成果を上げてきました。

障害者や障害児の中には、言葉で指示しても、その場で求められている行動を起こせない人がいます。そのため、行動を起こしてもらうためには特別な方法が必要です。**応用行動分析学は、「起こしづらい行動を起こすための方法」を研究してきた**と言えます。

そのため、応用行動分析学は、自分の思い通りに行動できない人にとって非常に役立つ知見にあふれています。

本書を読み進めるにあたって、応用行動分析学の基本を理解してもらうことがとても重要です。そこで、応用行動分析学の〝**特徴**〟と〝**その利点**〟をここから整理してお伝えします。

あなたが抱える様々な「思い通りにいかない行動」に応用、対策ができるので、少し丁寧《ていねい》に読んでいただきたいと思います。

様々な状況に対応できる臨機応変さや懐の深さには、野性的な直感や発想力が求められます。ただし、直感や発想は、理論の理解に基づいていなければなりません。

「自分のせいにしない」から行動は改善する

やってはいけないのにやってしまう、やらなければならないのにやれない、行動に関する悩みは大きくこの２つです。

行動分析学は、行動の原因を考える際に、当人の能力や特質にばかり原因を求めず、当人をとりまく環境（他人からの働きかけも含まれる）を〝あえて重視する〟ことに特徴があります。

もっと端的に、誤解を恐れずに言うなら、**行動の原因をその当人ではなく、周りの人や環境に求める**という意味を含んでいます。

このことは、思い通りにならない自分を分析するために、大変重要な視点となります。思い通りにならない自分の問題を、自分の意志のせいにしても、念じれば意志が盛り上がってくるわけではありません。行動の原因を、本人の意志力不足のせいにしても解決には近づきません。

たとえ、意志の力で瞬間的に一時的に行動を起こすことができても、継続することは難しく、一時的な変化にしかならないことが多いでしょう。

行動の原因を当人に求めるよりも、そのときの場所や相手や締め切りといった環境要因を原因とするほうが行動の改善につながります。

それらを変えることで、行動を改善できるという観点に立てるからです。

問題を起こすたびに自分を攻撃することはやめましょう。問題を引き起こす環境を改善することに力を注ぐのです。

いつも〝あいまい〟だから動き出せない

応用行動分析学は原則的に「行動を観察すること」を通して、問題の原因を見つけていきます。行動を観察することには、記録や測定も含みます。

たとえば、カウンセリングをするにしても、本人から話を聞くだけでは、行動の原因を見つけるには不十分であることが多いからです。

なぜなら、人は**「どうして自分がそのようなことをするのか、自分でもわかっていないことが多い」**からです。

私たちは過去の自分の行動について、丁寧に記憶しているわけではありません。

数日前に何を食べたかも忘れて思い出せないことが多く、感情を揺さぶるような出来事以外は、〝なんとなく〟〝あいまい〟にしか覚えていないことが多いのです。

「昨日やるべき仕事を、なぜやらなかったのですか？」と聞かれても、「他にやるべきことがあって、忙しかったんだよね」くらいのことしか言えません。

「その仕事を前にやったのはいつですか？　そのときは何分ぐらい取り組んだんですか？」と聞いても、明確な答えが返ってくる可能性は低いでしょう。

人は、自分の行動を観察することが苦手なのです。

自分を予定通りに動かしたいなら、この現実を受け入れる必要があります。

応用行動分析学は、行動の原因として外的環境要因を重視します。

その行動が起きている状況を観察することができれば、「場所、人、時間」など、その行動に影響する要因を分析することができます。

これまで、応用行動分析学は、行動を観察、分析するための様々な方法を開発してきました。

即効性アリ！ 根拠アリ！ 実行ハードルは低い！

応用行動分析学では、行動を分析する方法だけでなく、行動を増やしたり減らしたり形成したりする様々な方法について、研究が蓄積されてきました。

行動分析学の目的は、「行動の予測と制御」であり、単なる分析の方法にとどまりません。

望ましい行動は増やし、望ましくない行動は減らす。

そして、新しい行動を形成するための具体的な方法を開発して、その効果を確かめるまでのプロセスに焦点を当てています。

抽象的な方法論ではなく、データに基づいた具体的な症例から、実践的な「行動の技」（対人支援技法）が開発されてきたのです。

応用行動分析学の実践、研究は、「より即効性があり、実施の負担が少ない方法」

を開発することに力を注いできました。

本書でそのすべてを紹介することはできませんが、効果的な一部の方法を厳選して紹介します。

【重要】まずは、死人テストで「行動かどうか」を判断する

行動を分析することの重要性を述べてきましたが、そもそも行動とはなんなのでしょうか。

行動の定義にはいくつかのレベルがあり、学問分野によっても解釈が異なります。

たとえば、行動とは「筋や腺《せん》による活動のすべてである」と定義できます。しかし、こうした広い定義では、行動の具体的なイメージが持てません。

そのため、「行動か、行動ではないのか」を簡単に判断するために、**「行動を死人にできること以外の行ない」と定義**する「死人テスト」という判断基準があります。

死人テストは、行動分析学の創始者スキナーの直弟子オージャン・リンズレーが提唱したとされています。

死人テストに従うと、死人にできないことが行動であり、死人でもできることは行動ではありません。

たとえば、「車にひかれる」「笑わない」「名前を呼ばれる」「返事をしない」「静かにしている」「あいさつをしない」「上司に褒《ほ》められる」という表現は、**死人にもできることなので、行動ではありません。**

「爪をかむ」「夢を見る」「ピカソの絵を思い浮かべる」「映画のラストシーンで胸がジーンとなる」「唾液《だえき》が出る」「今夜の夕食のメニューを考える」というような表現は、**死人にはできないことなので、行動です。**

死人テストまで使って、「行動か、そうではないのか、を追求することにどんな意味があるのか」と思うかもしれませんが、とても重要なことです。

●たとえば、「あいさつをしない」も表現次第で改善策が変わる!?

たとえば、「あいさつをしない」という現象を具体的に表現すると、「歩いている途中で職場の人にあいさつをされても、あいさつを返さない」ということだったりします。

この場合、「あいさつされても、あいさつをしなかった」と言うより、「あいさつされても、そのまま歩き続けた」と言ったほうが明確に行動を表現したことになります。

「なぜ、あいさつをしなかったのか」を分析する場合、この表現の違いはとても大きいのです。

「あいさつされても、あいさつをしなかった」という表現だと、その人が「なぜ、あいさつをしなかったのか」について分析する材料が乏しく、「この人は社会性のない人なのかも」と適当な推測をしてしまうことになりかねません。これでは、行動の改善は期待できません。

しかし、「あいさつされても、そのまま歩き続けた」という表現であれば、「もしかして、あいさつされたことに気がつかなかっただけではないのか」という可能性に気づくことができます。

さらに、「あいさつされても、早足で歩き続けた」という表現なら、「急いでどこかに行こうとしていたのではないか」と想像することも可能です。

つまり、**改善したい行動をどのように記述し、表現するかによって、原因の推測が変わる**ことになります。

当然、その後の改善策にも違いが生まれます。

たとえば、上司Bさんから私が「最近、Aさんの様子がおかしいんです。仕事に集中してないんです。どうしたらいいですか?」と相談された場合、「Aさんは具体的にどういう行動をするんですか?」と聞く必要があります。

「集中しない」ことは死人でもできるため、行動とは言えません。

死人にはできない行ない、つまり「具体的な行動がなんなのか」を知ることがとても重要です。

集中しないというのが、実は「寝ている」という行動なのであれば、コーヒーを出してあげたり、早寝するように助言したりすることができるでしょう。

集中しないというのが、実は「同僚との私語が多過ぎる」という行動を意味しているのであれば、本人と同僚の両方に作業中のルールやマナーを明示すれば解決しそうです。

「○○しない」ことが問題だと思っている場合は、今一度、死人テストに従って「○○している」という行動の表現に言い換えてみましょう。そこから、解決の糸口がつかめるかもしれません。

また、行動には、爪をかむことのように目に見えるもの（顕現的《けんげん》行動）もあれば、メニューを考えるといった目に見えないもの（内潜《ないせん》的行動）もあります。

思考や認知、検討や想像も行動です。

そういった直接目に見えない行動は、他人からは観察が難しいですが、本人が自覚し、表現できるのであれば行動として扱うことができます。

大切なのは、その行動がなんらかの結果をもたらしているかどうかです。つまり、その行動が物理的環境や社会的環境になんらかの影響や効果を与えているのであれば、それは「行動」と言うことができます。

たとえば、「丁寧にメニューを考える」ことでおいしい料理が完成したのであれば、物理的環境に影響を与えているし、その料理を友人が喜んで食べてくれたのであれば社会的環境に影響を与えたことになります。

これが行動分析学の役目
――望ましい行動を増やし、望ましくない行動を減らす

応用行動分析学では、変えることを目的とした行動を**「標的行動」**と言います。変えることを目的とした行動には、「望ましい行動」と「望ましくない行動」の両方があり得ます。

行動分析学では、行動上の解決すべき問題を次の2つに分類しています。

●1 行動の不足

望ましい行動が不足しているときは、**望ましい行動を標的行動とし、その頻度《ひんど》、持続時間、強度を増やすことが目的**となります。

ここで、気をつけなければならないことがあります。

たとえば、売り上げが不足しているという問題に対して、「売り上げを伸ばす」と

いうことを標的行動としないことです。

売り上げは成果であって、行動ではありません。売り上げに影響する行動を、標的行動としなければなりません。

たとえば、商品の契約を取ることは売り上げに影響すると思いますが、「契約を取る」ことも行動というよりは成果に近い。

「商品の説明をすること」や、「契約書を作成すること」であれば行動と言えます。問題に影響する「具体的な標的行動」を見出すことができれば、その解決に一歩近づくことができます。

2　行動の過剰

望ましくない行動が過剰であるときは、**望ましくない行動を標的行動とし、その頻度、持続時間、強度を減らすことが目的**となります。

たとえば、１日に同じ質問を何回も繰り返すことは問題です。１回であれば特に問題のない行動であっても、何度もしつこく繰り返されると他人は気分を害するものです。

作業中に数秒離席するだけならそれほど問題ではありませんが、10分以上離席し続けると問題となります。

独り言は小さな声であればそれほど気になりませんが、大きな声の場合は問題となります。

つまり、このような行動次元（「頻度」「持続時間」「強度」）の程度が過剰であることが問題となっている場合、その行動次元が下がれば問題は解決します。

とにかく記録すると効果が出る！

「望ましい行動を増やし、望ましくない行動を減らす」

行動上の問題解決には、適切な標的行動を選び、その行動を増やしたり減らしたりすることが必要です。

〈不適切行動の水準と傾向〉

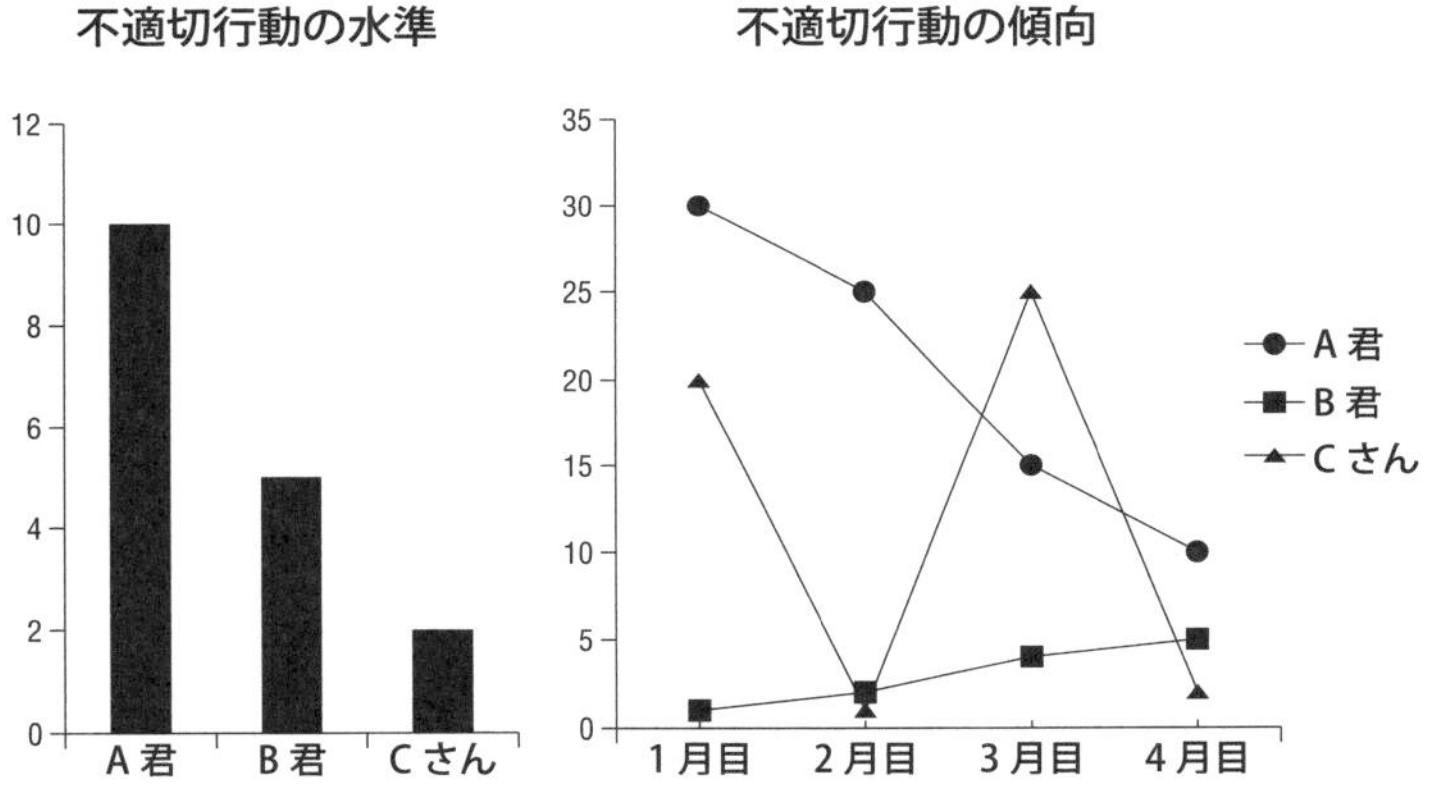

そして、そのためには**行動の増減を記録することが効果的**です。

ある人の標的行動が他の人より多い、または、少ないことを評価するだけではなく、自分の過去と現在を比べて、その行動が増加傾向なのか減少傾向なのか、を確認することはとても大切です。

たとえば、上の図の左側の棒グラフは、ある月の１カ月間に見られた、３人の不適切な行動の水準が示されています。

この棒グラフでは、Ａ君の不適切行動が最も多いため、緊急の支援を要するように見えるかもしれません。

しかし、同じ行動の過去４カ月の傾向を示した右の折れ線グラフを見ると、A君の不適切行動は急激な減少傾向であることがわかります。

棒グラフのデータは、折れ線グラフの4カ月目のデータです。

つまり、A君はこの数カ月の間に大きな改善傾向を見せている途中であり、介入をするよりは様子を見守ることが求められる状態です。

A君よりもむしろB君のほうが、少しずつではありますが、この数カ月間に不適切行動が増加傾向であるため、その原因について分析する必要があります。

Cさんについても、月によって不適切行動の変動が激しいため、その原因について分析したほうがいいでしょう。

このように、継続的に行動の記録を取ることは、問題解決が必要かどうかの判断をする際に大きな助けとなります。

それではここから、4つの代表的な行動の記録法についてご紹介していきます。

①特徴がわかるから行動が改善する「連続記録」法

連続記録法とは、観察の間、標的行動が起こるたびに記録する方法です。次のようなカテゴリーで記録することができます。

【頻度】　観察時間内に標的行動が起こった回数

たとえば、質問した回数（10回）を、観察時間（２時間）で割ることで、生起率（５回／時間）を算出することができます。

【持続時間】　その行動が、始まってから終結するまでの時間

たとえば、集中してＰＣ作業をしていた時間（１時間）を、全体の就業時間（５時間）で割ることで、持続時間パーセンテージ（20％）を算出することができます。

【強度】 行動の強さ

たとえば、声の大きさをデシベル計で計測したり、握力の回復度を知るために握力計を使ったり、癇癪《かんしゃく》の激しさを5件法（「とても落ち着いている」「落ち着いている」「普通」「興奮している」「とても興奮している」）の評定尺度で評価したりします。

このように、行動の強度を算出します。

【潜時《せんじ》】 ある刺激を提示されてから、ある行動が起こるまでの時間

たとえば、「道具を片づけてください」と言われてから、片づけ始めるまでの時間。「静かにして」と言われてから、静かになるまでの時間。始業チャイムが鳴ってから、作業場所に戻るまでの時間などです。

集団生活では特に重要な次元であり、潜時が長いと仲間が仕事を開始するのを妨害してしまう可能性があります。

たとえば、ある資格を取るための勉強をしたいが、なかなか取りかかれないことで困っていたとします。

どこに問題があるのか分析するために、机の前に座って必要な資料（書籍やパソコン）を開いて勉強することを標的行動とします。

そして、**２週間標的行動を記録**します。

２週間の間に、

「勉強机のイスに座った頻度は、１日当たり何回ぐらいだったのか」

「座って勉強した持続時間は、１回当たり何分ぐらいだったのか」

「勉強したときの、集中の強度はどれくらいだったのか」（「全く集中してなかった」「集中してなかった」「普通」「集中できた」「とても集中できた」など、１～５点で採点）

「『よし、今から勉強しよう』と思ってから、実際に座って資料を開くまでに何分くらいの潜時があったのか」

を記録します。

すると、**自分の行動の特徴が鮮明にわかる**と思います。

たとえば、

・勉強机のイスに座りさえすればそれなりに勉強するのだけど、勉強のために座ることが少ないのが問題

・勉強をやっているのは週末だけで、平日は完全に0回である

・集中力高く勉強できる時間帯や場所

・集中できる場所と思い込んでいた所で、実は集中できていなかった

・勉強するためにせっかく確保した時間なのに、やろうと思ってから始めるまでに他のことばかりしていて、取りかかるまでの潜時がとても長い

このようなことがわかったりすると思います。

こうした特徴がわかれば、対策を立てるのはそれほど難しくないし、特徴がわかっただけで改善し始めることも実に多いのです。

②やめるべき行動を減らすための「産物記録」法

産物記録法は、**標的行動が起こったことによって、自然に生じる産物を記録する方法**です。

つくった製品の個数、報告書の誤字脱字の数、清掃で集めたゴミの重さなどです。たとえば、健康のためにダイエットしたいと思っているけど、糖分の多い炭酸飲料を飲み過ぎていると感じている場合、炭酸飲料を飲むことを標的行動として減らすことを目指すとします。

その場合、飲んだあとに残るペットボトルを１週間はゴミ袋に入れたままにして捨てずにおけば、１週間で何リットル飲んだのかがわかります。

正確な量がわかれば、摂取カロリーに換算することもできるし、量を減らしていく際の目標値（たとえば、飲む量を１割減らす）を決めるのも難しくないはずです。

③自分を知るための「インターバル記録」法

インターバル記録法は、観察時間をインターバルに区切り、そのインターバルの中で標的行動が起こったか、起こらなかったかを記録する方法です。インターバルの時間は、標的行動の性質によって異なり、数秒から数分まで様々です。

たとえば、60分の作業時間を12の5分インターバルに区切り、仕事に関係のない私語があったインターバル数（3個）を数えることで、生起インターバル率（3÷12×100＝25％）を算出することができます。

集中して仕事をしたいのに、ネットニュースやSNSばかり見てしまうことがありませんか？　その場合、ネットニュースやSNSを見ることを標的行動として、実態を把握するためにインターバル記録をつけるのは良い方法です。

8時間の労働時間を30分のインターバル16個に分けて、標的行動があったインターバルとなかったインターバルに分けると、たとえば８個のインターバルで標的行動があったのなら、生起インターバル率50％となります。

平日の５日間記録するだけで、どれくらい自分が標的行動をしているのか実態がわかるので、減らす対策を講じるのか、様子を見るのか判断するといいでしょう。

④先延ばしをやめる「瞬間タイムサンプリング」法

瞬間タイムサンプリング法は、**観察時間をインターバルに区切り、そのインターバルの特定の時間に標的行動が起こったかどうかを記録する方法**です。

たとえば、20分のインターバルの区切りの瞬間にだけ対象者（自分であることもあります）を観察し、姿勢が良いかどうかを記録するというようなことです。

20分ごとに10回記録した結果、姿勢が良かったことが5回あった場合、【5÷10×100＝50】の計算から50％のインターバル率で姿勢が良かったとわかります。

この方法は、切れ目なく観察しなくてもいいので、記録の負担が少ない長所があります。ただし、低頻度であったり、短い持続時間で終了したりする行動（まばたきや、あくびなど）は、タイミング良く観察するのが難しいため不向きです。

観察場面で、多くの時間行なっているような行動が対象になります。

たとえば、自分がどの場所にいるのか記録するのに使いやすい記録方法です。

職場の中を大した用もないのにうろうろしてデスクワークを回避しているような気がするとき、その実態を把握するために30分ごとに腕時計やスマホが振動するように設定します。そして、振動した瞬間に、自分がデスクかその付近にいたのか、そうではない場所にいたのかを記録します。

自分が、どれくらい仕事を回避していたのかわかるでしょう。

「望ましい行動を増やし、望ましくない行動を減らす」というように、行動を改善するためには、行動の増減を記録することがスタートです。

すぐ取り掛かる、先延ばししないために、これらの記録法を知り、実際に自分の行動を記録してみてください。行動改善のキッカケになります。

第 3 章

行動の原理原則に抗《あらが》わない、利用する。

～「行動の前後」「結果のタイミング」が私たちを支配している～

行動改善の超基本技術「ＡＢＣ分析」

応用行動分析学の特徴のひとつは、行動を**その前後の状況から分析**することにあります。

問題となる行動があったなら、直前の状況の中に**「その行動を引き起こすキッカケ」**を見つけ、直後の状況に**「その行動を繰り返させるような結果が起きていないか」**を分析します。

このように、ある行動を前後の状況を含めて分析する方法を**「ＡＢＣ分析」**（三項随伴性《ずいはんせい》）と呼びます。

ＡＢＣ分析は、英語の**A**ntecedent**（直前の状況）**、**B**ehavior**（行動）**、**C**onsequence**（直後の結果）**の頭文字をとってつけられています。ＡＢＣ分析は、応用行動分析学的アプローチの最も重要な理論的枠組みです。

問題となる行動に対しては、まずＡＢＣ分析を行ない、その行動の前後の状況、つまりＡとＣを明らかにします。

そして、その行動に影響している**ＡまたはＣを変えることで、Ｂ（行動）を改善していくことが基本的な技術**です。

たとえば、ビジネス文書の作成を考えてみましょう。

上司から**「自分の作成した書類をよく見直して、誤字脱字がないか確認したほうがいい」**と言われたが、**「あとでやります」**と言って、先延ばしにしたとしましょう。

その場合、下の図のようにＡＢＣ分析をすることができます。

ABC 分析の例

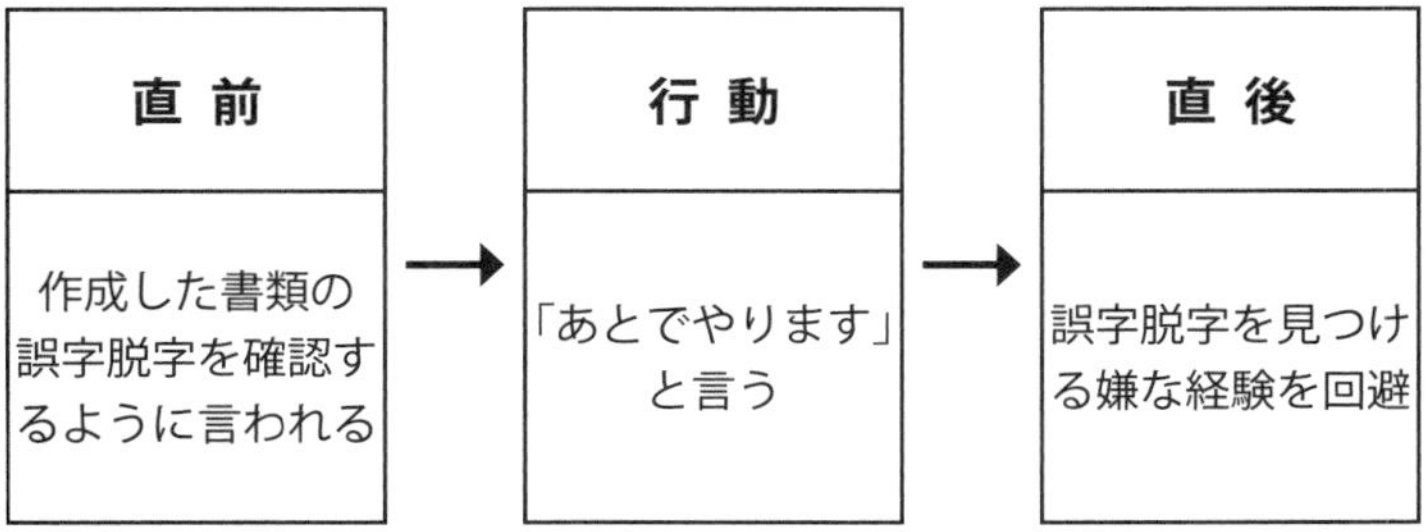
直 前
作成した書類の誤字脱字を確認するように言われる
行 動
「あとでやります」と言う
直 後
誤字脱字を見つける嫌な経験を回避

直前の状況として、作成した書類の誤字脱字を確認するように言われます。その後、「あとでやります」と言って、誤字脱字の確認を先延ばしにしました。

この行動をとったことで、**「誤字脱字の確認という、とても集中力が必要な作業の上に、もし誤字を見つけると不快な思いをする経験を、回避することができている」**ことがわかります。

誤字脱字の確認は、とても重要なことであると多くの人がわかっていることですが、いわゆる「めんどうくさい」作業なので先延ばしにしがちです。

しかし、「めんどうくさい」というだけでは対策になりません。「めんどうくさい」の正体は何かということを考える必要があります。

誤字脱字の確認が「めんどうくさい」と感じるのは、それが自分のミスを探す自己否定の作業であり、見つけてしまったときの精神的な負担が大きいからです。

そうした自己否定の経験を回避するために確認を先延ばしにするのは、気持ちとしては共感できる行動です。

ただ、その精神的負担に「どのように対処するのか」を考える必要があります。

このように、普段あいまいに解釈している問題をＡＢＣ分析の枠組みで検討することで、問題の要因をシンプルに理解し、納得のできる行動の解釈を見つけることができます。

原理１ ポジティブな結果によって行動が増える「強化」

たとえば、自宅のリビングで仕事の作業をしているときに、映っているテレビ番組に好きな俳優が登場したため、その俳優の表情や声を観聞きしたくてテレビを観続けてしまうことがあったとしましょう。

このエピソードのＡＢＣ分析をしてみると、直前の状況は**「テレビに好きな俳優が登場する」**、行動は**「テレビを観る」**、直後の状況は**「好きな俳優の表情や声」**を観聞きして楽しむことになります。

最初は少しだけ観るつもりであっても、俳優が画面からいなくなるまで観続けてしまったとき、テレビを観る行動が強化されたということになります。

ある行動をした直後に本人にとって良い結果が生じた場合、その行動が増えたり、強められたりする現象は、人や動物において普遍的であるため**「強化の原理」**と言います。

ある食べ物を口にした結果、おいしければもう一口食べる。声をかけて笑顔を返してくれた人には、さらに会話を続ける。

このように、私たちは自発的な行動をした直後にポジティブな結果があれば、「そのあとに、同じ行動を繰り返すという学習メカニズムを生まれつき備えている」と考えられています。

そのような、「強化の原理」というメカニズムがあることを前提に、自分の行動を分析すると良いでしょう。

●1 提示型強化(正の強化)

先の例における本人にとって良い結果とは、**「好きな俳優の表情や声」**になります。

　この「好きな俳優の表情や声」のように、ある行動に後続して生じることで、その行動が将来起きやすくなるような刺激や出来事を強化子《きょうかし》と言います。

　つまり、自分の自発的な行動が何度も繰り返されているとわかったとき、その行動は強化されていると考えるのが自然です。

　その行動の直後に起きていて、その行動が繰り返されるのに大きな影響を与えている刺激や出来事が強化子というわけです。

　たとえば、ポテトチップスが好きで繰り返し食べている場合、強化子は食べた直後に生じる味や食感と考えられます。

　ポテトチップスを繰り返し食べる理由として、その価格の安さや入手のしやすさなども考えられます

提示型強化の例

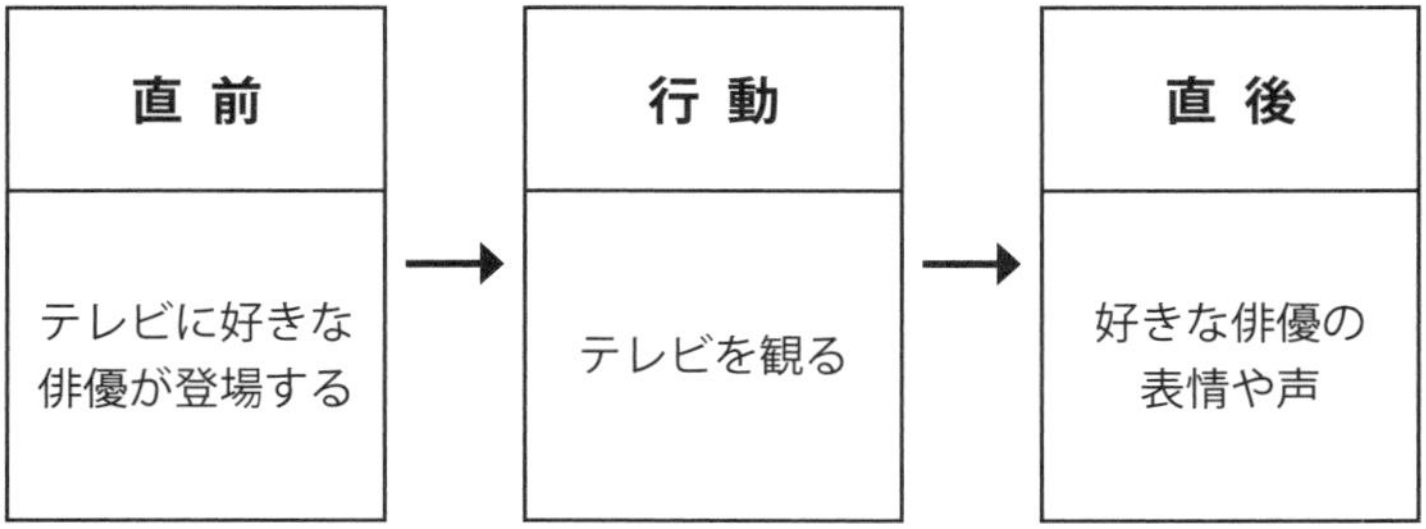

が、これは食べた結果の出来事ではないので、強化子とは言えません。強化子は行動に後続して生じる出来事です。

これから本書では、強化子という言葉をよく使いますので、覚えておいてください。そして、**強化子の出現によって行動が増える現象を「提示型強化」、または「正の強化」**と言います。

ここでの提示というのは、味や食感のように、それまでなかった刺激が、食べるという行動をすることで出現することを意味しています。

行動することによって強化子が出現し、その結果が将来の行動を増やし繰り返させているわけです。

●2 除去型強化（負の強化）

提示型強化は、行動する前に存在しなかった刺激や出来事が行動の結果生じることで、行動が増えたり強まったりする現象でした。

それに対して、**「行動する前に存在していたものがなくなる」という結果によって、**

行動が増えたり強まったりする現象を「除去型強化」、または「負の強化」と言います。

わかりやすく言うと、提示型強化は行動のあとに「ポジティブな刺激が出現する」ことで行動が増える現象です。

対して除去型強化は、**行動のあとに「ネガティブな刺激が消失する」ことで行動が増える現象**です。たとえば、痛み止めの薬を飲んで頭痛というネガティブな刺激が消失することで、将来頭痛がするときに薬を飲むようになるのは、わかりやすい除去型強化の例です。

私たちは集中して作業に取り組むと、目の疲れや肩凝りなどの疲労感が生じてきます。ほとんどの人にとって、目の疲れや肩凝りはネガティブな刺激だ

除去型強化の例

直前	→	行動	→	直後
頭痛アリ	→	薬を飲む	→	頭痛ナシ

と思います。

そこで、コーヒーを飲んで気分転換したり、ストレッチをしたりするとその疲労感が消えます。その後、コーヒーを飲むことやストレッチを繰り返すようになった場合、除去型強化が起きていると考えられます。

適度に疲労感を解消しながら作業を進めていれば、コーヒーやストレッチは適切な休憩《きゅうけい》と言えます。

しかし、除去型強化され過ぎて胃腸を悪くするほどコーヒーを飲んだり、あまりに長時間ストレッチし過ぎて作業が進まなくなったりした場合は、不適切な休憩になります。

疲労感をコントロールするために休憩することは、予定通りに行動するための重要な技術です。

ただ、疲労感の消失が休憩する行動を強化し過ぎてしまうと、休憩ばかりしてしまいます。

疲労感の軽減と作業パフォーマンスのバランスをとるためには、除去型強化のメカニズムを理解することが役に立ちます。

原理２　ネガティブな結果によって行動が減る「弱化」

たとえば、**業務に必要なマニュアルを読んでみたものの、内容が難しくて読み進めるペースが遅くなってしまう**ような場合を考えてみましょう。

難しくて理解できない体感を経験すると、マニュアルを読むスピードも下がり、読む回数も減ってしまうでしょう。

行動の直後に嫌悪的な出来事が起きることで、行動が減ったり、弱まります。

このように行動の直後に起きるネガティブな出来事によって、将来の行動が減ることを行動分析学では弱化《じゃっか》と言います。

強化の原理と同様に、弱化の原理も、私たちの持って生まれた特徴として備わっています。

私たちは、口にして吐き気がしたものは食べなくなりますし、話しかけて大声で怒鳴られたらその人には近づかなくなります。

強化と同様に、弱化にも提示型弱化と除去型弱化の2つの種類があります。

●1 提示型弱化(正の弱化)

マニュアルを読み進めるペースが遅くなる例は、提示型弱化（または正の弱化）の例です。

この例では、マニュアルを読む行動の直後に**「難しくて理解できない体験」**というネガティブな出来事が出現することで、行動が弱化されました。

ここでの提示型の意味は、ネガティブな刺激や出来事が「行動の直後に出現した」ということです。

提示型弱化の例

直前	→	行動	→	直後
難しくて理解できない体験ナシ	→	マニュアルを読む	→	難しくて理解できない体験アリ

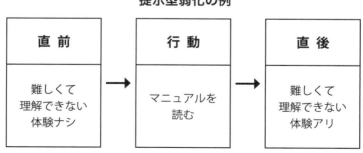

このように、**「行動の直後に出現した」ことで、将来の行動が減るような刺激や出来事を「弱化子」と言います。**

吐き気がしたことで、それ以降その食べ物を口にしなくなったのなら、その吐き気は弱化子です。大声を出された結果、その人に近づかなくなったのなら、その大声が近づく行動の弱化子と言えます。

かつてできていた行動を急にしなくなったときは、行動をしたあとに弱化子が出現した可能性を考えてみると良いでしょう。急に行動をしなくなった理由がわかるかもしれません。

たとえば、作業がはかどらない理由として、

・メガネを変えたことで目の疲労や頭痛がするようになっている
・イスを変えたことで腰が痛くなっている
・照明がまぶし過ぎる
・騒音が大き過ぎる

など、なんらかの弱化子が推測できれば、その弱化子を排除する方法を考えること

になります。

●2　除去型弱化（負の弱化）

もうひとつの弱化は、除去型弱化です。

除去型弱化として、次のような例が考えられます。

比較的好きな作業をしている最中に、マニュアルを読むことを指示された場合、**マニュアルを読んでいる間は好きな作業ができなくなります**（強化子が失われる）。

その結果、マニュアルを読むことをしなくなる、つまり弱化されることが予測されます。

このように、マニュアルを読む行動の前に存在していた**ポジティブな出来事が、行動の直後に失われることで、その行動をしなくなる現象が除去型弱化**

除去型弱化の例

直前		行動		直後
好きな作業アリ	→	マニュアルを読む	→	好きな作業ナシ

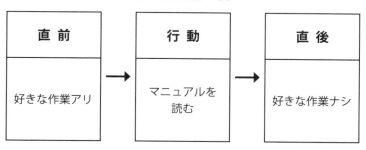

です。

同じマニュアルを読むという行動が減るという例ですが、提示型弱化の場合もあれば、除去型弱化の場合もあることがわかります。

どちらのメカニズムによって行動が減っていったのかを知るためには、ＡＢＣ分析が必要です。

そして、メカニズムがわかれば対策を考えるのも容易になります。

提示型弱化であれば弱化子を排除できれば解決するし、除去型弱化であればポジティブな出来事が失われない方法を考えれば解決できます。

原理３　変化が期待できずに行動が減る「消去」

環境に変化が起きないことで行動が減ることがあります。

ある社員が上司に対して、職場の環境改善についての意見を述べたが、その意見が取り入れられず、環境が改善しなかったとします。

こうした状況が繰り返されると、この社員が意見を述べることは減っていくことになります。

行動してもその前後の状況に変化が起きないことで、徐々に行動が減っていく現象を「消去」と言います。

行動が減っていくのは弱化と同じですが、行動の前後の状況に大きな違いがあります。

弱化は、弱化子が出現するなど、環境に変化が起きることで行動が減っていきます。

しかし、**消去は、環境の変化が生じないことで行動が減少**します。

消去の例

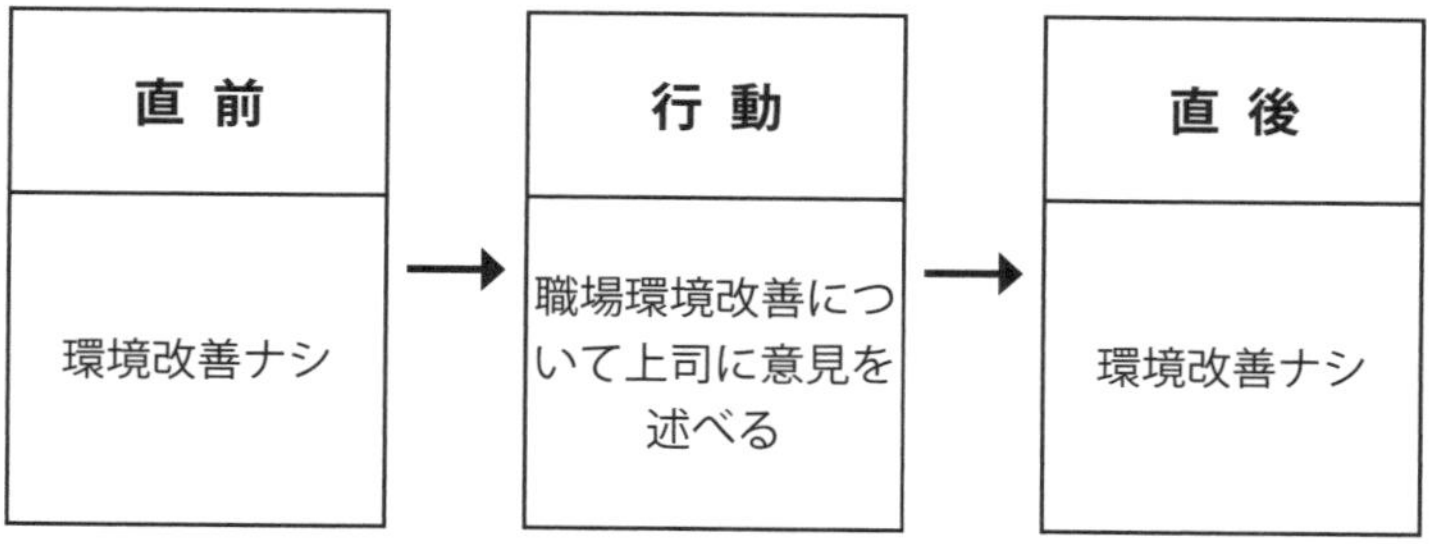

●消去の際に起きること

先のエピソードでは、社員の意見が取り入れられませんでした。
しかし、それまで何度もその社員の意見が取り入れられていた場合、意見が通らなかった直後に、その社員は次のような行動を一時的に見せる可能性があります。

【消去バースト】

行動の頻度、持続時間、強度が一時的に増大することを、消去バーストと言います。
たとえば、何度も繰り返し意見を述べたり、時間をかけて説明したり、いつもより大きな声で意見を述べたりするようになります。

【消去誘発性攻撃行動】

消去バーストに加えて、悪態をつくなどの情動反応が起こったり、机を叩いたりイスを蹴《け》ったりする攻撃行動をする場合があります。こうした行動を、消去誘発性攻撃行動と言います。

ここで参考までに、対人関係において、消去バーストや消去誘発性攻撃行動が起きたときの対応についてお話ししておきます。

消去バーストや消去誘発性攻撃行動が生じても、それを強化せずに消去の手続きを継続することで、長期的な行動の減少が見られるようになります。

バーストや攻撃に対して、叱《しか》ったり、注意したり、額にしわを寄せて顔をしかめたりしてしまうと、注目という強化子を与えてしまうことになります。情動反応や攻撃行動を強化してしまう、ということです。

バーストや攻撃の直後には注目をせず、バーストの頻度や強度が下がるのを待ってから関わることが得策です。

ただし、健康を損なうような危険な行動に対しては、注目を与えずに待つよりも、即座に警告やペナルティや身体拘束をしてケガを防ぐ必要が生じる場合があることも知っておかなければなりません。

原理４　未来のリスクを最小限にする「阻止《そし》の随伴性《ずいはんせい》」←

行動のあとに強化子が出現するわけでもなく、行動の前に存在していたネガティブな刺激や出来事が消失するわけでもなければ、私たちの行動は減っていきます。結果に手ごたえが何もなければ、行動が減少していく仕組みになっています。強化や弱化と同様に、そのような「消去」という仕組みが私たちには備わっているのです。

結果を生み出さない行動は自然淘汰《しぜんとうた》のように消失していき、他の有意義な行動に時間を割くようになるのが合理的と言えます。

しかし、仕事や勉強や健康改善に関する行動というのは、行動の直後には大きな変化が生じない場合が多くあります。

一定期間以上行動し続けないと、目に見える変化が起きない場合です。

この場合、続ければ結果が出る行動であるにもかかわらず、直後の変化が小さいために行動が消去される危険があることを理解しなければなりません。私たちが予定通りに行動できない理由とも関係が深いはずです。

具体的な方法についてはあとに書きますが、適切な行動が消去されてしまわないように細心の注意を払う必要があります。

たとえば、インフルエンザが流行《はや》る時期に、予防としてマスクをする行動はどのように分析できるでしょうか。

予防というのは、インフルエンザに罹患《りかん》すると決まっているわけではなく、罹患する可能性があるだけで、まだ何も嫌悪的な事態が生じていない状況ですが、その可能性を下げるために取る行動です。

また、マスクをしたからといって完全に防げるわけでもありません。

つまり、マスクをする前後の状況に変化はないことになります。

このように行動の前後に変化がなければ、通常は消去の原理に従って行動が減っていきますが、予防のような行動は消去されずに維持されることが多くなります。

嫌悪的な事態を防げているという確信が強ければ、直後に変化がなくても、その予防となる行動は強化されます。

このように、**将来に起きる可能性のある嫌悪事態を阻止する行動が強化される現象を、阻止《そし》の随伴性《ずいはんせい》**と言います。

阻止の随伴性は、将来のリスクを最小限にするためにあらかじめ行動することなので、予定通りに動くスキルと深い関係があります。

阻止の随伴性は、次の2種類に分けることができます。

●1　弱化子出現の阻止による強化

まずは、弱化子出現の阻止による強化についてお

阻止の随伴性の例

直前		行動		直後
インフルエンザに感染していない	→	マスクをする	→	インフルエンザに感染していない（感染の阻止）

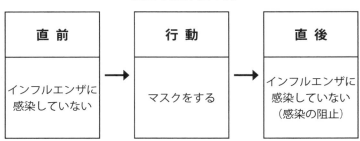

話しします。

これは、**嫌悪的な刺激や出来事（弱化子）が将来出現するのを、あらかじめ阻止する行動が維持されている状態**です。

たとえば、「ケガを防ぐためにヘルメットをする」ことや、「お客さんのクレームを防ぐために、商品を渡す前にキズがないかをチェックする」などです。

このように弱化子出現の阻止（嫌悪的な刺激や出来事の予防）は、リスク管理行動を強化する随伴性であるため、特に、安全管理に関係する仕事に関わる人は理解しておくと良いでしょう。

また、あまり適切ではない行動が、弱化子出現の阻止のために、維持している場合もあります。

たとえば、**仕事が締め切りまでに終わっていないため、上司に叱られる可能性があるから、仮病を使って会社を休む**ことです。

こうした不適切な回避行動は、弱化子出現の阻止が絡んでいることが多いのです。叱責《しっせき》（弱化子出現）によって、行動を制御することの副作用のひとつとして理解しておくと良いでしょう。

叱責という弱化子の出現を阻止するために、早くから準備をして予定通りに行動する人の様子は、表面的には適切に見えますが、恐怖と不安に追い立てられている随伴性とも言えます。

軽い不安が、予定通りに動くことを助ける場合もあります。

しかし、人間関係における過度な不安や恐怖を阻止する随伴性は、失敗の隠蔽《いんぺい》や虚偽の報告といった不適切な行動を促しやすく、メンタルヘルスの不調や退職のリスクを高めてしまいます。

●2　強化子消失の阻止による強化

次に、強化子消失の阻止による強化についてお話

弱化子出現の阻止による強化の例

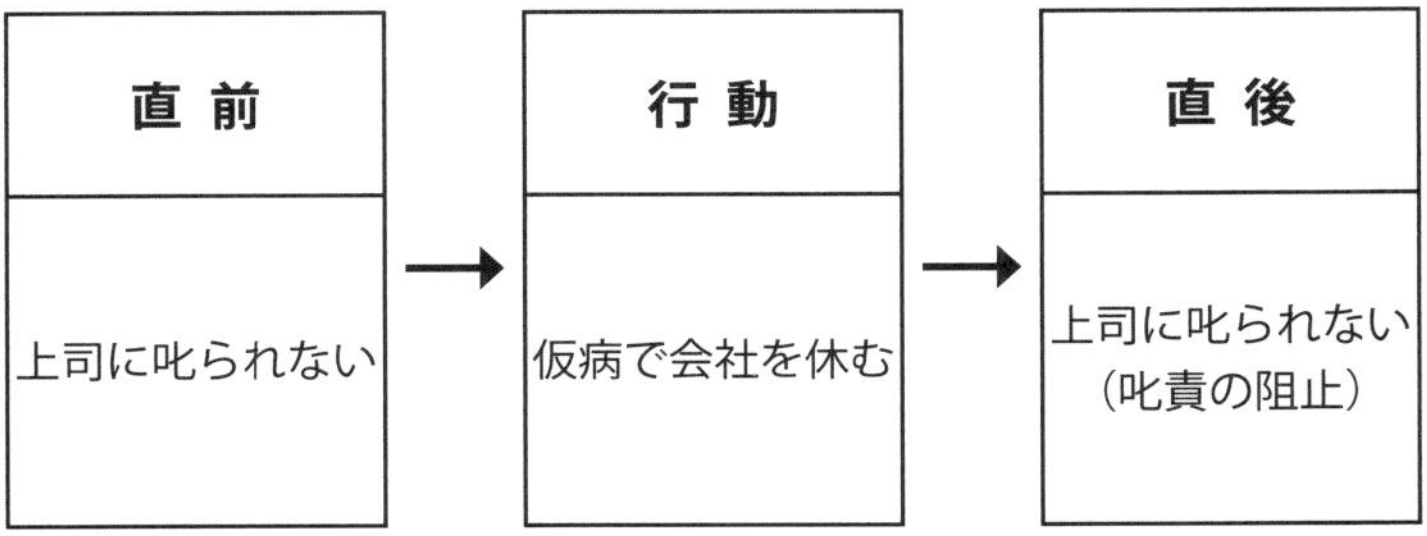

しします。

これは、**大事な物や楽しい時間（強化子）が将来失われる可能性を阻止するための行動が維持している状態**です。

たとえば、わかりやすい例で言えば、財布などの貴重品が盗まれないように金庫へしまうことです。

貴重品（強化子）が盗まれて消失する未来を防ぐための行動をしているわけです。

他にも、

「人気のレストランが満席になるのを恐れて、数日前から一応予約を入れておく」

「契約が取れそうなお客さんとの打ち合わせの約束について、念のため前日にリマインドメールを送る」

「将来の会社の損失を防ぐために予定通りに納品する」

などがあります。

これらの例のように、強化子消失の阻止は、適切な行動を促しやすい随伴性と言えます。

この随伴性に従って行動できれば、予定通りに自分を動かすことも増えると思います。

しかし、明日や明後日の未来において、強化子消失を阻止する行動なら容易にできますが、１カ月後や２カ月後の未来の強化子消失を防ぐとなると簡単ではありません。

まだ余裕があると判断して、行動を先延ばしにしてしまうことになるでしょう。

ましてや、３カ月後や半年後となるとさらに難易度は上がります。

こうした事態において、どのように立ち回れば良いのか本書後半で検討していきます。

強化子消失の阻止による強化の例

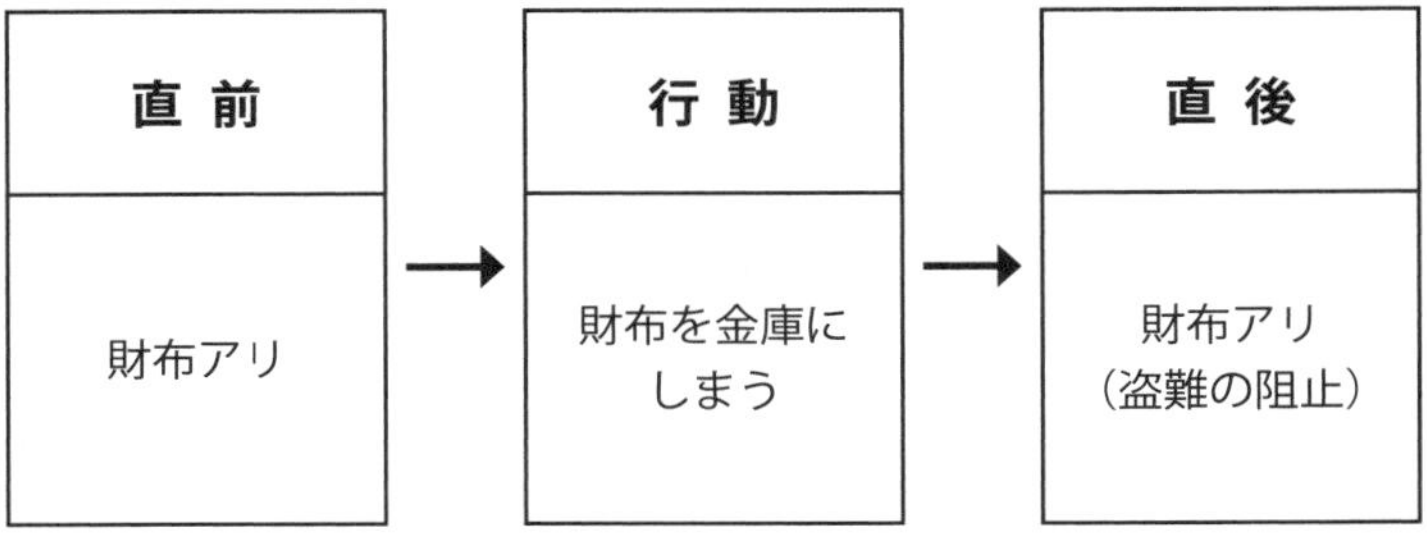

自分を思い通りに動かすための「不足と過剰」の調整

応用行動分析学における問題解決とは、行動を増やしたり、減らしたりすることです。
望ましい行動が不足していることが問題なら、その行動を増やすことが解決です。
逆に、望ましくない行動が過剰であることが問題なら、その行動を減らすことが解決です。

前者のような問題を**「行動の不足」**。
後者の問題を**「行動の過剰」**と呼びます。

では、この両者について解説していきましょう。

なぜ、やったほうがいいのにやれないの？

まずは、行動の不足についてです。

望ましい行動として勉強と運動を取り上げ、行動の不足が生じやすい原因について考えてみましょう。

「勉強が手につかない問題」や「運動が習慣化しない問題」は、**〝即時の結果〟と〝将来の結果〟の時間差によって生じています。**

まず、勉強の行動の流れと、結果を考えてみましょう。

【勉強が手につかない問題】

勉強すると、

行動の不足の例

行動の不足	ネガティブな即時の結果	ポジティブな将来の結果
勉強が手につかない問題	勉強すると、 ・解答できなくてつらい ・思うように進まない ・他のやりたいことができない	ずいぶん時間が経ってから、 ・優秀な成績が得られる ・知識が増えたことが仕事に役立つ ・教養が身についたことが実感できる
運動が習慣化しない問題	運動すると、 ・筋肉が痛い ・呼吸が苦しい ・他のやりたいことができない	ずいぶん時間が経ってから、 ・健康増進 ・ダイエットの成功 ・体力の向上

・解答できなくてつらい
・思うように進まない
・他のやりたいことができない

ずいぶん時間が経ってから、
・優秀な成績が得られる
・知識が増えたことが仕事に役立つ
・教養が身についたことが実感できる

勉強とは、具体的には、練習問題に解答することや、文章を書くこと、本を読むことなどです。

こうした勉強行動を行なった直後に生じる結果は、**ネガティブなものが多い**ものです。

練習問題に解答できなくてつらいと感じたり、文章を書くのが思うように進まなかったり、本を読むと他のやりたいことができなくなったりします。

もちろん、これには個人差があり、人によっては難問に解答できないことはつらいというより楽しいと感じることもあるでしょう。

ただ、ここでは、ネガティブな結果になる人のことを想像してみてください。

多くの人にとって、勉強しているときはつらいと感じることが多く、勉強することがポジティブな結果をもたらすのはずいぶんと時間が経ってからです。

試験で優秀な成績が得られたり、知識が増えたことが仕事に役立ったり、教養が身についたと実感できるのは、特定の内容について勉強行動を数週間から数カ月継続したあとです。場合によっては。数年継続しないと実感できないこともあるでしょう。

行動分析学の知見として、人や動物の行動は**即時に生じる結果に強い影響を受け、遅れて生じる結果の影響を受けにくい**ことが知られています。

時間が経ってから得られる結果、すなわち遅延されて提示される強化子（遅延強化子）は、勉強などの行動を強化することが難しいのです。

それに比べて、**即時に生じる嫌悪的な結果、すなわち即時弱化子は、とても影響力が強く、行動を弱化しやすい。**

そのため、勉強や運動は、**「即時弱化子 VS 遅延強化子」の構図になっているため、思い通りに行動できずに、先延ばしが生じやすい**のです。

運動についても、行動の流れと、結果を考えてみましょう。

【運動が習慣化しない問題】

運動すると、

・筋肉が痛い

・呼吸が苦しい

・他のやりたいことができない

ずいぶん時間が経ってから、

・健康増進
・ダイエットの成功
・体力の向上

健康、ダイエット、体力向上のために運動をしようと計画しても、筋トレをすると筋肉が痛いし、ジョギングなどの有酸素運動は呼吸がつらいもの。

運動の前後に着替えをして、シャワーを利用するならそれなりの時間を使うので、他のやりたいことはできなくなります。

つまり、即時の結果は嫌悪的な要素が強いことが多いのです。

やはり、運動についても直後のネガティブな結果は強力であり、将来のポジティブな結果を求めていても、そのための行動を継続することは簡単ではありません。

なぜ、やってはいけないことをやるの？

自分の思い通りに行動できない問題を分析するもうひとつの視点は、行動の過剰です。

行動の過剰とは、望ましくない行動が多過ぎるという問題です。

望ましくない行動というのは、その行動をすることによって、将来その人の生活にネガティブな結果がもたらされる行動のことを言います。

たとえば、食べ過ぎやゲームのやり過ぎを、行動の過剰における望ましくない行動として取り上げてみましょう。

スナック菓子を食べ過ぎるときの行動の流れと、結果を考えてみましょう。

行動の過剰の例

行動の過剰	ポジティブな即時の結果	ネガティブな将来の結果
スナック菓子を食べ過ぎる問題	食べると、 ・おいしい ・空腹感がなくなる	ずいぶん時間が経ってから、 ・虫歯になる ・肥満になる ・ニキビができる
喫煙し過ぎる問題	吸うと、 ・気分転換ができる ・リラックスする	ずいぶん時間が経ってから、 ・肺がんのリスク ・心臓病のリスク ・歯が汚れる

【スナック菓子を食べ過ぎる問題】

食べると、

・おいしい

・空腹感がなくなる

ずいぶん時間が経ってから、

・虫歯になる

・肥満になる

・ニキビができる

スナック菓子を食べたとき、おいしいと感じたり、空腹感がなくなったりといったポジティブな結果が即時に生じるため、その行動は強化され、繰り返されます。

食べ過ぎると虫歯になったり、肥満になったり、ニキビができたりすることがわかっていたとしても、そうしたネガティブな結果はずいぶん時間が経ってから生じるので、食べる行動を弱化することは難しいのです。

ここでも、「即時強化子 VS 遅延弱化子」の対立が生じていますが、即時の結果に軍配が上がりやすく、思い通りに行動することは難しいのです。

喫煙し過ぎるという問題もまた同様です。喫煙するときの行動の流れと結果を考えてみましょう。

【喫煙し過ぎる問題】

吸うと、

・気分転換ができる

・リラックスする

ずいぶん時間が経ってから、

・肺がんのリスク
・心臓病のリスク
・歯が汚れる

過剰な喫煙は、肺がんのリスクや心臓病のリスクを大きく引き上げ、歯が変色して汚れるというネガティブな結果を将来もたらします。

そうしたリスクを抱えたいわけではないが、その行動をした直後には気分転換ができ、リラックス効果が即時に得られるため、行動が強化されます。

やはり、ネガティブな結果が生じるのは将来であるために、そのときの望ましくない行動の阻止にはそれほど影響を与えません。

これらの遅延した結果の多くは、過剰な行動をした人すべてに起きるとは限らないので不明確な結果です。

たとえば、スナック菓子を食べ過ぎると必ず虫歯や肥満になるわけではないし、喫煙をしたからといって必ず肺がんになるわけでもない。

将来の結果というのは、**実際はそうはならないかもしれないという都合の良い希望を持たせやすいこともあり、さらに影響力を失っていきます。**

しかし、過剰な行動をすることによって、将来のネガティブな結果を受ける可能性は高くなっているのです。

「即時結果∨遅延結果の原則」を受け入れると成功する！

行動の不足であっても、行動の過剰であっても、思い通りに行動できない問題に共通して横たわっているのは、「遅延結果より即時結果のほうが、影響力が強い」ということです。

私たちは、このことを**「抗《あらが》えない原則」として受け入れたほうが良い**と思います。

もちろん、個人差はあるし、状況によっては遅延結果のほうが強い場合もあるし、遅延結果の影響が強くなるような工夫も可能ではあります。

しかし、「即時結果∨遅延結果」が原則と認めて対処を考えたほうが、生産的で前向きです。

「即時結果∨遅延結果」になる自分は「意志が弱い」と考えて反省しているだけでは、「気合を入れる」といった精神論に頼ることになってしまいます。問題解決に役立つ対策は生まれません。

人がそもそも抱えている「業」として「即時結果∨遅延結果」を受け入れ、その上で対策を検討したほうが良いのです。

「即時結果∨遅延結果」の原則は、2つ以上の行動の選択肢があるときにどちらの行動を選ぶのかについても大きく影響しています。

応用行動分析学では、人が活動しているときは、2つ以上の行動が同時に起こる可能性があり、実際にはそれらがある一定の割合で選択されていると考えます。

たとえば、「勉強の課題を遂行する行動」と「机に落書きをする行動」の関係を考えてみましょう。

「机に落書きをする行動」は直後に強化子（描かれた絵）が随伴します（結果として表れます）。

しかし、「勉強の課題を遂行する行動」に、先生から褒められるなどの強化子が随伴するのは、しばらくたったあとです。

課題でまだ学習できていない部分があるならば、「課題を遂行する行動」によって強化子が得られるのは、さらにあとのことになるかもしれません。

多くの場合、こうした選択では時間的に遅れてから強化子が随伴するような行動よりは、その直後に強化子が得られる行動が選択されます。

すぐに行動に取りかからず、先延ばししてしまうことの共通の要因は何かと考えるとき、先延ばしをする人に共通する特徴がいくつか指摘されています。

●あなたの衝動性は高い？　低い？

特に際立っている要素がひとつあり、それは**「衝動性《しょうどうせい》が高い」**ことです。

衝動性が高い人は、やりたいことを我慢したり、楽しいことを先に延ばしたりするのが難しいのです。

要するに、将来のポジティブな結果のために**今我慢することが苦手**なのです。

衝動性が高い人は、前もって計画して仕事に取り組むのが不得手で、ようやく仕事に着手したあともすぐに気が散ってしまいます。

そうなると、予定通りに仕事を進めることは難しくなります。こうした先延ばし行動は、あらゆる社会やあらゆる組織において広がっています。

わかっていても手につかない、今やるべきだと知っているのに他のことに目が向いてしまう悲劇が起こっているのです。

ここまでで、あなたは「行動の原理原則」を学びました。次の章からは、具体的に自分を動かすための技術をご紹介していきます。

原理1「強化」

ある行動によってポジティブな結果を得るとその行動が増える

原理2「弱化」

ある行動によってネガティブな結果が起こると行動が減る

原理3「消去」

行動しても状況に変化が起きないと行動が減る

原理4「阻止の随伴性」

未来のリスクを最小限にするために行動が増える

「即時結果＞遅延結果」の原則

すぐに享受できる結果のほうが、未来に享受する結果より、影響力が強い

行動の原理原則を大前提として
行動改善に取り組もう！

第 4 章

新しい自分に変わる
５つの行動コントロール法

～実践、行動分析学！～

やってのける人は〝即時結果〟をちりばめる

ここまで、「なぜ、思い通りに行動できないのか」ということについて、応用行動分析学の知見を踏まえて説明してきました。

思い通りにいかない行動の根底にあるのは、「行動の直後の即時的な結果がその行動の生起に影響を及ぼしており、将来の遅延した結果はその行動に大きな影響を及ぼしていない」という原則です。

この「即時結果＞遅延結果」の原則に対して、強い意志を持って立ち向かうのは得策ではありません。行動とその結果の影響を整備することで、対処するほうがいいでしょう。

行動を繰り返しながら、得られるまでに時間のかかるポジティブな結果を待っていてもうまくいきません。

望んでいる結果が生じるまでの間に、中間結果のような強化子を得られるように環境を整備するのです。

長距離走を例に考えてみましょう。

マラソンなどの長距離を走るのに、42キロ先のゴールを目指して走るのではなく、まずは1キロ地点にある給水所を目指して走って、次に10キロ先を目指してみましょう。

最終ゴールを目標にしてしまうと、体力を温存しようとして走り続けるのが難しいので、途中に何度も細かく強化子（結果）が得られる機会を設定するのです。

私も何度かフルマラソンに挑戦したことがありますが、30キロを越えたあたりで足が痛くて痛くて、体もヘロヘロになりました。

走るのをやめて歩きたくなったり、リタイヤしたくなったり、「なんでこんなことやろうとしたんだろう」と思ったりしたものです。

しかし、そんなときは先のことを考えずに1キロ先まで走ることを目標にして、到達したら自分を褒めて励まして、次の1キロ先を目指すことでなんとか最後まで走り切ることができました。

これは気持ちが楽になるといった精神論ではなく、**即時結果の強い影響力を活用した応用行動分析学的アプローチの活用**です。

勉強の場合、合格を目標にするとやり続けるのが難しくなります。つらいと感じたら、たとえば、問題を1問解くだけで良しとする。それができたら自分を褒め、次の問題を解く。これを繰り返していくことでゴールまで走り続けることができます。

遅延結果までの長い道のりに、たくさんの即時結果が得られる機会を設定することは、多くの人が日常の中で自然にやっていることだと思いますが、原理を理解した上で意図的、意識的に設定できるようになれば、自分を思い通りに動かしやすくなります。

様々な行動の思い通りにいかない問題に、活路を見出すことができるようになるのです。

「即時結果∨遅延結果」の原則のために、思い通りに動けない行動に対して、**自分で工夫して遅延結果まで行動をつないでいく即時結果を配置することが、応用行動分析学で言うところのセルフマネジメント**です。

自分の行動を管理するために、意志をコントロールするのではなく、環境を整備して強化子を管理しましょう。

歴史と実践に裏打ちされたセルフマネジメント技術

ここから、応用行動分析学におけるセルフマネジメントについて詳細な解説をしていきます。

ザックリとした定義として、セルフマネジメントとは、**「自分自身の行動を変える、または、行動を維持するために、自ら特定の方法を使うこと」**を意味します。

その具体的方法は多岐にわたりますが、一般的にセルフマネジメントとして用いられる方法として、**「標的行動の定義とキッカケの整備」「自己記録」「自己教示」「自己評価」「自己強化」**が挙げられます。

これらは、これまでの応用行動分析学の研究によって開発されてきた技法です。

つまり、セルフマネジメントとは、こうした様々な応用行動分析学の技法を**「状況に応じて組み合わせることによって、個に応じた問題解決を目指す手法」**です。

これから、「これらの技法をどういった場合に」「どのように用いると良いのか」また、「どの方法から順番に試していけば良いのか」のガイドラインを提示していきます。

セルフマネジメント1　標的行動の定義

「具体的な行動の決定」と「キッカケの配置」

セルフマネジメントで**最初に行なうことは、標的行動の定義**です。

標的行動とは、たとえば、漠然と「勉強すること」ではなく、具体的に「漢字を書くこと」や「マニュアルを読むこと」というような具体的な行動です。

あとで、記録が可能なように定義することが大切です。

さらに、そうした**標的行動の自発を促すキッカケを自ら整備**することで、行動を変える効果が高まると考えられています。

下の図には、「標的行動の定義」と「キッカケの整備」が、標的行動に与える影響が実線の矢印によって示されています。

このように、自分の標的行動を誘導、支援、維持するためのキッカケを、自分自身に示す手続きの総称として「自己教示」という用語が用いられています。

たとえば、翌日に郵便局で振り込みをしなければならないことを忘れないために、付箋《ふせん》に「郵便局」と書いて手帳に貼《は》っておくことや、子供が給食費を学校に持っていくのを忘れないために、就寝前にお金の入った封筒をランドセルの横に置いておく、というようなことです。

仕事でも、絶対にやるべきことは、付箋に書いて目につく所に貼っておくことで、行動のキッカケが生ま

自己教示（キッカケの整備）によるセルフマネジメント

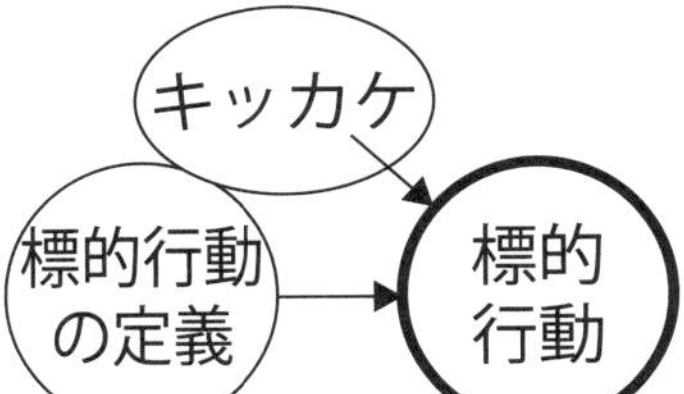

れます。

スケジュールに予定を書き込んでおくことや、当日にやるべきことを付箋に書いて貼っておくことは、単に忘れないためのメモという機能の役割を担っているだけではありません。

スケジュールや付箋が目に入ることが、自己教示として行動を始めるキッカケになるから重要なのです。

キッカケさえあれば始められるような活動、つまり難易度は高くないが始めにくい活動の場合には、自己教示としてキッカケを整備することに注力するといいです。

たとえば、「脱いだ服がそのまま放置されている」問題を解決したい場合は、服をよく放置している場所の辺りに「服はクローゼットへ！」と書いた付箋を貼っておきましょう。

脱いだ服を置こうしたときに、目につく場所に付箋を貼ることが最も重要です。付箋がキッカケになって、服を片づける行動が始発します。

付箋のインパクトも重要です。付箋は大きくて、目を引く色が良く、「服はクローゼットへ！　服が喜ぶ！　やればできる！」などと、パワーフレーズを加えるのも面白いでしょう。

「自動車のオイルを交換する時期だが、そのままにしている」場合は、走行距離が表示されている所に「○○キロになったらオイル交換！」と書いた付箋を貼ればキッカケとなります。

このように、生活の中で自然に視界に入り、その直後に行動を起こしやすい場所にキッカケを配置できれば、その行動は促されます。

セルフマネジメント2　自己記録

「行動が変わること」は証明されている

「標的行動の定義」に対応して、標的行動が生起したあとに行なわれるセルフマネジメントが「自己記録」です。すなわち、自己記録とは、標的行動の生起の有無や、質、量などに関して自ら記録することです。

様々な行動が、自己記録によって変化することが、多くの研究で確かめられています。この効果は、反応性効果と呼ばれています。

一昔前に「記録するだけダイエット」という言葉が流行しました。これは、日々の自分の食べた物と自分の体重を記録すれば、それだけで体重が減少するといったダイエット法です。

これはまさに、自己記録による反応性効果のことです。

この場合の標的行動は、「体重増加につながりにくい健康的なものを食べる」ことです。そして、「その日食べた物と体重」を自己記録（分析的記述）すると、体重が減ったときに食べた物が明確になり、標的行動

自己記録によるセルフマネジメント

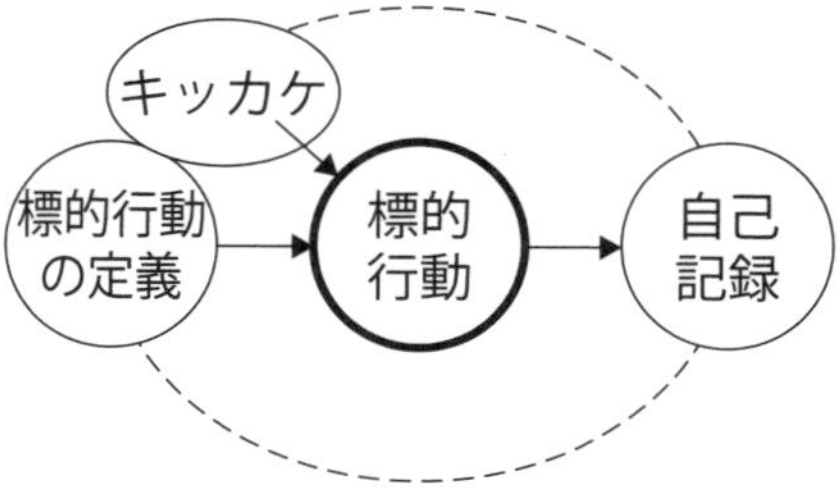

が強化されます。

さらに、その記録を見ることが健康的な物を食べることのキッカケになって標的行動が促されます。また、体重が増えたときの食事内容も明らかになるので、その食事内容で食べることは弱化され、食べる回数が減っていくかもしれません。

自己記録をするには、行動のどの指標を記録するのかを決める必要がありますが、代表的な指標としては次のようなものがあります。

●1　頻度のカウント

頻度のカウントとは、一定の時間内に生じる行動の回数を記録することです。

たとえば、計算問題をやるとき2分ごとに完了した問題数を記録し、さらに累積的な記録も一緒に記録することで、課題従事の改善と遂行した問題数の増加を促すような方法です。

●2　時間の測定

時間の測定とは、ある行動の時間の長さを記録する方法です。勉強時間の記録や、課題プリント1ページを完了するのに要した時間を測定して記録するような方法です。

●3　インターバル記録法

インターバル記録法は、観察時間を短いインターバル（たとえば、1分、5分、10分など）に分け、それぞれのインターバル内で標的行動が生起したかどうかを記録する方法です。

●4　チェックリストによる記録

チェックリストによる記録とは、課題遂行に必要な行動を記述して並べたチェックリストを作成し、その行動項目が完了するごとにチェックマークを記入します。

たとえば、「キッチンに汚れた食器が2日分溜まっている」や「明日洗濯しようと毎日思っているけど1週間も洗濯していない」など、定期的にやるべきことを先延ばしにしている場合は、チェックリストによる自己記録が効果的です。

チェックリストには、「毎日やること：食器洗い」や「3日ごとにやること：洗濯」と記載し、実行できた日にはチェックマークを記入したり、正の字で実施できた頻度を記入するといいでしょう。

このチェックマークや正の字をつける作業が自己記録となって、食器洗いなどを強化します。

「実家の母親にそのうち電話すると言ったのに、半年電話していない」といった先延ばしが起きている場合も、実家への電話を定期的な活動とするのがいいでしょう。家族への行動は、大事なこととわかっていても先延ばしにされがちです。

チェックリストに「1カ月ごとにやること：実家へ電話」と記載して行動を促しましょう。

❶5 分析的記述

分析的記述とは、自身の行動やそれが生起した文脈について、自ら自由記述する方法です。

自分の引き起こした問題と、その直前の状況や結果について記述することで、その問題を改善する方法になります。

自己記録は記録することに負担を感じてしまうと続かないので、負担が少なく楽しく続けられるように工夫しましょう。

セルフマネジメント3 自己教示

「低過ぎる目標を設定」する不安を捨てよう

自己教示には、「標的行動の定義」と「キッカケの整備」による自己教示だけでなく、「目標の設定」による自己教示の方法もあります。

ここでの目標とは、達成すべきパフォーマンスの基準です。

たとえば、ジョギングをするという標的行動に対して、１回のジョギングで５キロ走るといった**達成基準を決めることが目標の設定**です。

目標の設定が効果的であることは言うまでもありませんが、自分に対して目標の数値を決めるのはそう簡単なことではないでしょう。

上司や指導者といった立場の人から目標数値を設定されることは比較的よくありますが、自分に対して自分で目標を数値レベルで決めるのはなかなか勇気がいります。

具体的な目標を設定してしまうと、「それを達成できないかもしれない」という不安が生じます。

自己教示（目標の設定）を追加してセルフマネジメント

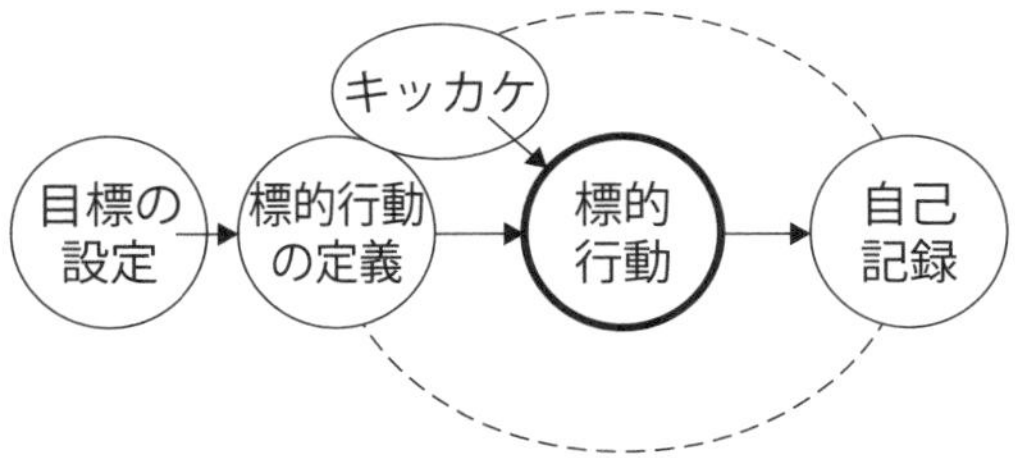

しかし、この不安については容易に解決できます。高い目標設定をしないことです。

私たちは、目標というのは高くなければいけないような気がしてしまいますが、それは思い込みです。

目標は、達成できたら徐々に引き上げていけばいいのです。**むしろ、最初は低過ぎるぐらいの目標のほうが理にかなっています。**

目標を達成することは、ほとんどの人にとって気持ちのいい強化子です。セルフマネジメントとは、最終目標への道程で小さな強化子を何度も味わうことです。

つまり、繰り返し目標を達成することが重要なので、初めから高い目標を設定することにはほとんどメリットがありません。

低い目標の設定は、自分を甘やかしているような気がして、少し高めの目標にしてしまう気持ちはわかります。

しかし、勇気を持って「あえて低めの目標を設定」することが、自分の行動をマネジメントする大いなるコツなのです。

たとえば、「先週の仕事の報告書が提出できていないままになっている」場合、遅れた分、完成度の高い物を作成したくなってしまうかもしれません。しかし、そもそもうまく書けないから遅れているので、良い目標設定とは言えません。

まずは、「今日中に思いついたことを３つぐらい箇条書きにする」ことを目標とします。ますます遅くなってしまう、と思うかもしれませんが心配いりません。

箇条書きができたら、箇条書きを内容ごとに分類するといった次の目標をすぐに設定すればいいのです。他人に書いて示すような目標でなければ、自分の目標は低くて流動的であるほうが行動を促すことが多いと言えます。

また、「目標の設定」は、先の「標的行動の定義」や「キッカケの整備」と組み合わされることで、より効果的な自己教示の手続きとなります。

たとえば、英語の試験などの対策で「英文を読むこと」と定義された標的行動に対して、「1日10ページの英文を読むこと」という目標を設定します。

さらに、この目標をメモ用紙に書いて壁に貼って、目に入るようにすることを、キッカケの整備として組み合わせることができれば効果倍増となります。

セルフマネジメント4　自己評価

「結果を視覚化」する二重三重のメリット

「目標の設定」に対応した、標的行動の生起後に実施するセルフマネジメントの手続きが「自己評価」です。

自己評価とは、**事前に設定した目標と行動の結果を比較し、目標を達成したのかどうかを自分で判断する**ことです。つまり、目標の設定がなければ自己評価をすることはできません。

たとえば、「1日1時間読書をすること」を目標として設定し、ある日の結果が自己記録によると「1日2時間」であったなら、自己評価として「カレンダーの空欄に好きなディズニーキャラのシールを貼る」というような手続きが自己評価です。

目標設定を超えた結果が出ることは、それ自体が強化子として機能するので、その望ましい結果を視覚的に明示することは強化子の影響力を増してくれます。

さらに、視覚化された結果はあとから見直すことができるため、見るたびに気持ちがいいものです。また、その視覚化された結果は、他の人が見て褒めてくれるかもしれません。

信頼できる家族や友人に見てもらうことも社会的な環境整備であり、間接的なセルフマネジメントと言えます。

目標の設定と自己評価が組み合わさったセルフマネジメントでは、自己評価の結果に応じて自発的に目標を修正する行動や、目標を新たに設定する行動が促されます。

図では、「目標の設定」と「自己評価」が相互に影響し合い、修正されていく関係が点線によって示されています。

自己評価によるセルフマネジメント

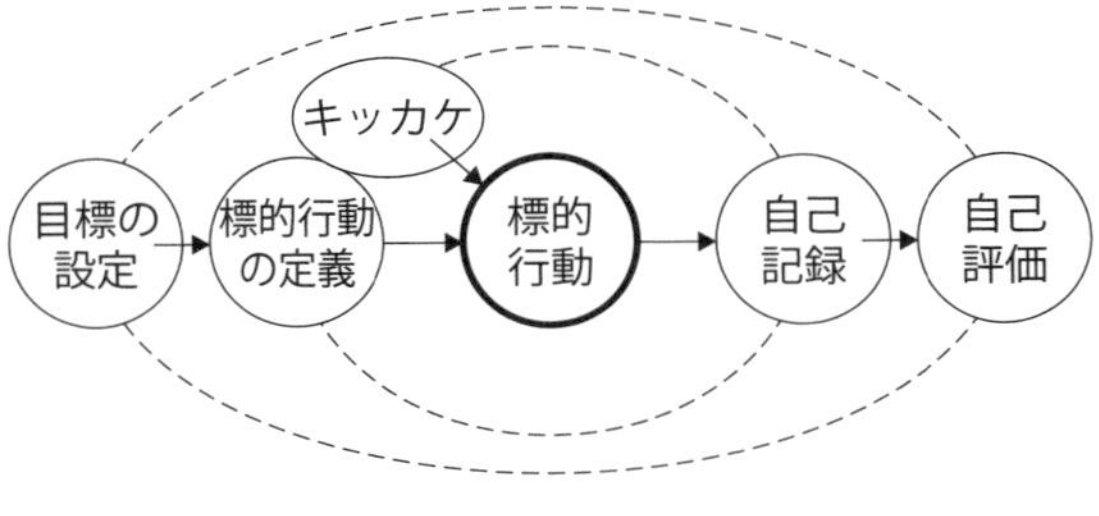

大切なのは、**自分の行動を強化する環境を整備すること**です。

勇気を持って低めの目標設定から始めて、ポジティブな自己評価を味わい、徐々に目標を引き上げていくのです。

目標は固定的であるより、流動的であるほうがいいのです。

目標を下げることに抵抗を感じたり、恥ずかしさを感じる人も多いと思いますが、自分で自分のマネジメントをしているのだし、誰が見ているわけでもないので気にする必要はありません。

セルフマネジメントにおいては、**低い目標を設定するほうが勇気のいることで、恥ずかしさから逃れるために高い目標を設定するほうがたやすい**のです。

たとえば、「勉強の難易度が上がってきて、はかどらない」場合は、あえて甘い自己評価をしましょう。9割以上の理解を目標の基準にするのではなく、3割程度の理解でも良しとするわけです。

難しいのだから3割理解できれば大したものであるとし、それが徐々に4割、5割と上がっていくことを将来の楽しみにするような考え方を持つことができれば、楽しく勉強を続けることができます。

重要なのは達成可能な目標に対して、成功体験としての自己評価を繰り返すことです。

「大事な商談なのに、相手との打ち合わせの日程調整を先延ばしにしている」場合は、提案やプレゼンの完成度を高くしようとするあまり、準備の時間を長くしようとしているのかもしれません。

つまり、高い目標を設定しているために作成中のプレゼンでは低い自己評価になっているわけです。

しかし、商談においては、完成度以上にタイミングを先延ばしにすることのデメリットがとても大きいことはみなさん同意されることと思います。

勇気を持って目標の基準を下げて、これで良しとする自己評価をして早めに日程調整をしたほうが、ほとんどの場合うまくいきます。

また、「部下が提出した書類の問題点を指摘するのが気まずくて、後回しにしている」

場合は、指摘した後の即時的な結果は気まずいが、遅延結果としては書類の問題を改善し、部下のスキルを高めることができるという状況です。

標的行動は「気まずくても指摘する」ことで、目標は「問題を改善できるように適切な方法を助言しつつ指摘する」ことになります。

その自己評価は「気まずさもあったが適切な助言はできた」ということになりそうです。

「気まずさを感じさせないうまい言い方をする」ことを目標にするのは難易度が高すぎるので、勇気を持って「気まずくはなるかもしれないけど、誠実に伝えるべきことを伝える」ことを目標として、頑張れた自分を高く自己評価しましょう。

迷ったときは、セルフマネジメントの目的を思い出してください。セルフマネジメントの目的は、**遅延結果まで行動をつなぐためのポジティブな即時結果を配置すること**です。

駅伝のように強化子のたすきをつないで、ゴールを目指すことが目的であることを忘れてはいけません。

セルフマネジメント5　自己強化
「正しいご褒美」の使い方

セルフマネジメントの手続きとして、「強化子の選択・準備」や「自己強化」を組み込むことができます。

強化子の選択・準備、自己強化とは、たとえば次のような事例が該当します。

まず、強化子として**「好きなアーティストの動画を観ること」**を選択します。

そして、**「Ａ４で2ページ分の文書を作成すること」**を目標とし、**「その目標を達成したなら動画を観られる」というルールを設定**します。

そして、実際に**文書を作成したらその分量を自己記録**し、**目標以上のページ数を超えたらそのことを視覚化するために「スケジュールに星マークを記入」して自己評価**を行ないます。

それから、**「動画を観ること」で自らに強化子を提示する自己強化**を行なうのです。

この例の構造は次の通りです。

自分の好みの強化子（動画視聴）を選択して、その強化子を得るための「目標の設定」。

目標の達成を「自己評価」できたら、それに応じて用意した強化子を自らに提示。

いわゆる**「自分へのご褒美《ほうび》」を利用したセルフマネジメント**です。

自分へのご褒美、つまり自己強化の手続きは、とても強力なセルフマネジメントとなります。

ただし、強力であるためには、目標と自己評価に基づいていなければなりません。特に目標もなく、なんとなく自分の判断で「頑張った気がするからご褒美」というのでは、効果もイマイチとなります。

だからといって、目標を達成するまでは自分にご褒

強化子の選択・準備と自己強化を組み込んだセルフマネジメント

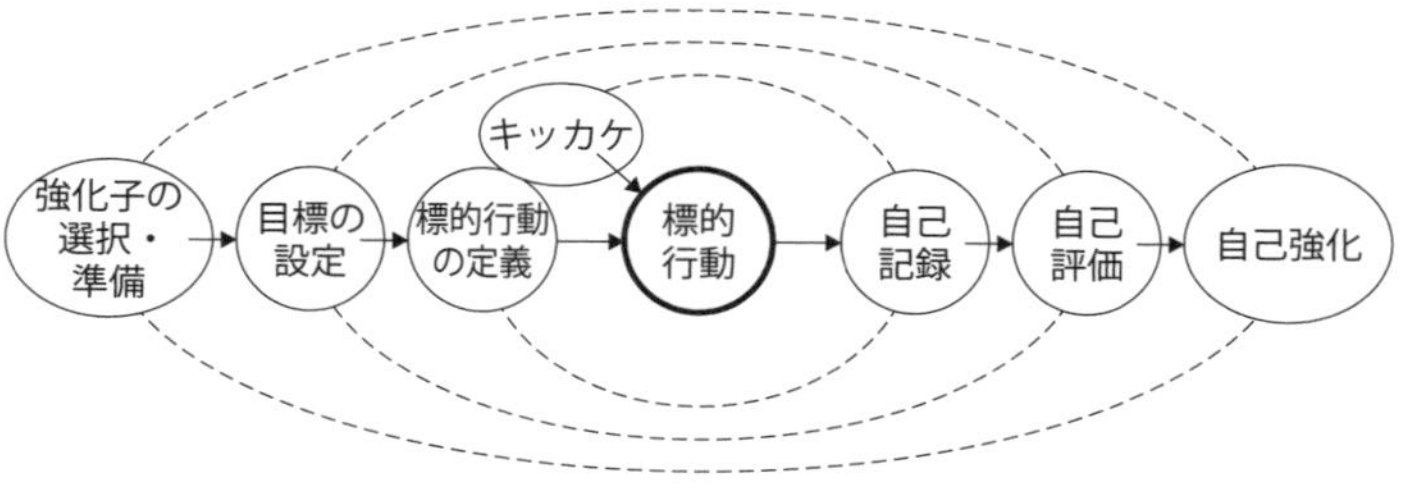

美を与えないストイックな態度を持つべきだと言いたいわけではありません。

先にも言ったように、目標は柔軟に変更していいのです。なかなか達成できない目標に苦しんで、自己評価をあいまいにして、適当に自分へのご褒美をあげてしまうくらいなら、目標を変更してご褒美をあげるようにしてください。一見同じことのように思えるかもしれませんが、自己評価をあいまいにするのと目標を変更するのとでは雲泥の差があります。

自己評価をあいまいにしてしまうと、目標を達成していなくても強化子が得られてしまいます。

すると、標的行動が強化されるのではなく、緩やかな自己評価をすることが強化されてしまいます。

緩やかな自己評価が強化されると、目標の達成は必要なくなるので目標設定は形骸《けいがい》化《か》します。結果として、立派な目標が達成されないまま残り続けることになります。

このような状況が続くことは気分のいいものではないので、目標について考えることも立てることもしなくなり、自分の力で予定通りの行動をすることはできなくなっていきます。

予定通りに動けるようになるためには、簡単でも低くてもいいので設定した目標を達成した感覚を強化しなければいけません。

標的行動だけでなく、**目標を設定する行動や、自己評価をする行動も一緒に強化する流れをつくっていくのが重要**です。

124ページの図に示されている「強化子の選択・準備」と「自己強化」をつなぐ、点線のだ円が一番外側にあることによって、内側の仕組みが支えられているのです。

たとえば、「やる気満々で入会したスポーツジムなのに、2カ月以上行っていない」場合は、スポーツジムでのトレーニングがもたらす即時結果は筋肉痛など嫌悪的なもので、体力がつき、体つきが変わるといった遅延結果が得られるまで継続できていないのかもしれません。

この場合、好きな海外ドラマをスマホで観ることを強化子として、海外ドラマを見ながらエアロバイクのマシンやランニングマシンをする自己強化を組み込んでみるといいでしょう。

さらに、トレーニングの直後には、サウナで「整う」とか、冷たいアイスを食べるといった、小さなご褒美を強化子として自分に与えたほうが継続することができます。

また、「達成に長期間かかる大プロジェクトを担当している」場合は、セルフマネジメントの腕の見せ所です。

大きな遅延結果にたどり着くまでに、小さな目標をつなぎ合わせ、標的行動を定義する。それができたら、自己評価に基づいて自分にご褒美をこまめに与えるサイクルを、自己強化のシステムとして構築しましょう。

このサイクルが出来上がれば、いつもの生活をするように仕事を進めることができるようになります。

ご飯を食べるように、息を吸うように、自然体で仕事が回る自分をイメージして取り組みましょう。

徐々にそのイメージに近づけていくことはできます。

●セルフマネジメント自体を嫌いになると元も子もない！

当然ですが、「強化子の選択・準備」と「自己強化」を実施するには、相性の良い強化子が必要です。

目標を達成できたら、ある程度即時に実行できる強化子が望ましいと言えます。達成してから何日も経ってからの実行だと、強化子の効果は弱くなるからです。

もちろん直後が一番望ましいですが、難しいならその日のうちか遅くとも翌日には実行できる強化子がいいでしょう。

また、**お金や時間や労力がかかり過ぎるご褒美（強化子）はこまめに繰り返し実施できない可能性があるので避けましょう。**

ご褒美といっても、ものすごくうれしいものである必要はなく、むしろつつましやかな、少しうれしいぐらいのものや活動のほうがいいのです。

たとえば、先の例にあった動画視聴のほかに、チョコレートを食べることや、お茶を飲むこと、近所を散歩することや、ドライブをすること、ひとりカラオケやサウナに行くことなどです。

日常的に行なっていることでも構いません。目標を立てたときは、達成してから強化子の活動を行なうようにしましょう。

達成するまでの我慢がつら過ぎると、セルフマネジメントの仕組み自体が嫌悪の対象になってしまいます。**あまり我慢が必要ない程度で達成できる目標にするとか、好き過ぎない強化子にするほうがいい**でしょう。大切なのは目標達成の強化子として行なっていることを、味わいながらやることです。

自分で手軽に〝行動管理〟できて〝メンタル〟も安定！

セルフマネジメントは、自分で自分の行動を制御し、自分の問題を自分で解決するための方法です。そして、他者からの一方的な制御を最小限にする方法でもあるので、本人の精神的な自立を促すものでもあります。

ここまでご紹介してきたセルフマネジメントの方法は、必ずしも**そのすべてを実施**

する必要はありません。 標的行動の性質、実施する場面での環境などの要因に応じて、**必要だと思う手続きを構成していけばいいでしょう。**

セルフマネジメントは、メンタルヘルスの改善にも役立ちます。たとえば、他者からの直接的な指示や評価が嫌悪的になってしまう場合、他者との関係が悪化してしまう可能性があります。

そうした場合、自己教示や自己評価を用いたセルフマネジメントによって他者との嫌悪的なやり取りが減り、結果的にメンタルヘルスの改善を促すことが考えられます。また、セルフマネジメントは、すでに獲得された適切な行動を別の場面でも適用させたり、長期的に維持させたりすることに効果的です。

他者からの指示や報酬に依存した行動は、その他者がいない場面ではできにくくなります。

それに対して、セルフマネジメントでは自己教示や自己評価、自己強化によって行動が制御されるので、特定の他者に依存することなく様々な場面での行動の応用と維持が期待できます。

第 5 章

やってのける人の具体策

～賢い「スケジューリング」「ToDo」「強制始動」「時間利用」の技術～

スケジュール帳の使い方には〝ちょっとした〟コツがある

スケジュール帳を活用してセルフマネジメントを行なうことは、シンプルですが王道で効果の高い方法です。

紙の手帳を使う人もいれば、スマホのアプリをスケジュール管理に使っている人もいるでしょう。

やるべきことをやるべき日のスケジュール帳に書き込めば、その記載を目にすることが行動開始のキッカケになります。

また、「○○を△△回」やるといった目標を書き込めば、行動が促される可能性が高まります。「目標の設定による自己教示」をしたことになるからです。

しかし、スケジュール帳を使えば簡単に効果が出るわけではありません。どのように活用するかで、効果は変わってきます。

まず、「やるべきことを実行する日付の欄に記入」するのか、それとも「やるべきことを仕上げる締め切り日の欄に記入」するのか、「開始日から締め切りまでの期間がわかるように記入」するのか考える必要があります。

行動を開始するキッカケとしてスケジュール帳を使うのであれば、その行動をする日の欄に記入するべきです。

たとえば、その作業の締め切りが1カ月後である場合は、締め切り日の欄に「○○締め切り」と記入する人が多いかもしれません。

しかし、**締め切りの日だけに記入するのは少々リスクがあります。**

その作業が何日もかけてコツコツ進めるような作業である場合、計画的に作業を進めなければなりません。

締切日だけに記入すると、記載されるのは締め切り日だけなので、それまでの作業を進めるためのキッカケになりにくいのです。

締め切り間際になってから、慌てて作業を始めることにならないためには、作業をする日の欄にも記入するほうがいいでしょう。

スケジュール帳を自己教示として使うと効果があります。しかし、作業を行なうキッカケになるような使い方をしなければ、効果は半減してしまいます。

●自分の頑張りを「わかりやすく自分に認識させる」ことの効果

セルフマネジメントとしてスケジュール帳を使う方法は、自己記録や自己評価としての側面もあります。

自己教示は行動を起こすキッカケなのに対して、自己記録や自己評価は行動のあとに行ないます。

予定に従って実際に行動できたのかをスケジュール帳に記載しますが、やり方はいくつかあります。

実行したものに二重線を入れる、花丸をつける、やった内容を記入するなどのやり方があるでしょう。目標に対して、どの程度の達成をしたのかを◎や○や△で表すのも悪くありません。

終わった作業にはあまり興味が持てず、**終わった予定に対しては何もしない人もいるでしょうが、行動分析学的にはちょっともったいない**と言えます。

自分が頑張ったことについて、自分にわかりやすく結果を示すことは、多くの人にとって強化子になり得るからです。

終わった作業に対して二重線を引っ張った瞬間に感じる満足感や達成感は、大切な強化子であり、次の行動への動機を生み出す可能性があります。

予定通りに行動できる可能性が上がるからこそ……

スケジュール帳に予定を書き込んで、行動のキッカケとする。予定通りに行動できたかどうかを自己記録して確認する。

これらのセルフマネジメント技術を実行できれば、予定通りに行動できる可能性は飛躍的に上がります。

しかし、そのスケジュール帳に予定を書き込むこと自体が、とても難易度の高い作業かもしれません。

スケジュール帳に書き込みを行なう負担度には個人差があります。

スケジュール帳への書き込みにほとんど心理的負担がなく、楽しんでやっている人もいることでしょう。

負担を感じない人は、自分好みの手帳を選んで、それを持ち歩くこと自体に楽しみを感じ（強化子が生じ）ており、色ペンなどを使って丁寧に予定を記入するでしょう。

しかし、負担に感じる人は真逆です。

手帳を持ち歩くことも、見ることも好きではなく、予定を書き込むことを簡単にはやれません。

書かなければと思っても、あとで書けばいいと先延ばしして、そのうち忘れてしまうことが多いのです。

さすがに重要な用事であれば書き込むかもしれませんが、簡略化した書き方にするため、後日なんの予定だったのかわからなくなる場合もあります。

文字を書く作業はそれなりに行動コストの高い作業です。

そして、**書く作業のコストの高さもまた、個人差が大きい**のです。いわゆる筆まめな人と筆無精の人。両者にとってスケジュール帳に書き込みをする際の負担の程度は大きく異なります。

筆まめな人は、自分の予定や自分の考えなどを文字にして、その文字を見ることは強化子になります。

自分の文字や文章を読むたびに手ごたえや気持ち良さを感じるため、書き込みは繰り返されスケジュールは充実したものになります。

さらに、書く作業が日常的になればなるほど、書き方のコツをつかみ、書くことのコストはさらに小さくなり、スケジュール帳は文字でいっぱいになります。

一方、筆無精の人は書くことのコストが高いため、できるだけ文字を書きたくありません。

「この予定は忘れるわけがない」と思い込むことで書くことを避けます。書き込みがされないので、スケジュール帳はきれいなままです。

スケジュール帳がきれいなままなので、それを見て確認する機会も少なくなり、スケジュール帳の存在感は薄くなっていきます。

存在感が薄くなれば、思い出すことも少なくなるため、さらに書き込む機会は減っていきます。

セルフマネジメントの技法はたくさんありますが、その方法が自分にマッチしたものであるかどうかは十分な検討が必要です。

ある人にとってとても効果的なセルフマネジメントの方法であっても、他の人にも同じように効果的かどうかはわからないのです。

自分に合ったセルフマネジメントの方法を探すことが大切です。

行動分析学的に正しい ToDo リストの使い方

⟵

予定通りに行動するために ToDo リストを使うのも、スケジュール帳の活用と並ぶ王道の方法でしょう。

セルフマネジメントのツールとしての、ToDoリスト活用法を考えていきましょう。

まず、ToDoリストをつくるには、自分がやるべき行動を端的に箇条書きする必要があります。

これは、セルフマネジメントで最初にやるべき「標的行動の定義」そのものと言えます。先にご説明した死人テストを思い出しながら、標的行動をリストに記入していきます。

「〇〇を頑張る」ではなく、**「〇〇までに△△さんに□□する」**というように、**「期限」**と**「相手」**を**「明確な行動」**を記入することができれば効果が高まります。

明確な行動を記入するためには、行動を細分化するのが一番です。

たとえば、「〇〇について企画を考える」という行動には、その前段階の「資料を集める」とか「△△さんに相談する」といった行動が含まれます。

たとえば、相談するには△△さんにアポイントを取ることになるので、「メールで相談日時を調整する」行動が必要になります。

企画を考えるということを細分化すると、いくつかの行動が並行して、かつ連続的に行なわれることがわかります。

●記入方法、運用法、ツールの選び方

そのため、ToDoリストの記入の方法には、いくつかのやり方が存在することになります。

【方法1】「企画を考える」などと大枠のやるべきことをToDoリストに記入して、そのために必要な行動はその都度頭の中で考えて行動する。

【方法2】難易度が高くて行動を起こしにくい行動や、忘れてしまいがちな行動など、細分化された行動の中で、特に重要と思われる行動だけをToDoリストに記入する。

【方法3】細分化された行動をできるだけたくさんToDoリストに書いて、あとは深く考えずにそれを順番にこなしていく方法。

予定通りに行動できそうなときは【方法1】でいいでしょう。しかし、作業が思うように進まないと感じたら【方法2】を使い、それでも動き出せない自分に気づいたら【方法3】を使うといった、段階的な運用をするといいでしょう。

また、**行動の期限に応じて、どのようなツールを使って記入するのかも考えたほうがいい**でしょう。

たとえば、期限が1カ月以上先ならスケジュール帳やカレンダーにToDoを記入するのでも良さそうですが、数日以内にやるべきことなら付箋に書いて机やパソコンなど目につく場所に貼っておくのがいいでしょう。

ToDoを見ることは行動を促す〝キッカケとしての自己教示〟になるので、貼る場所はかなり重要です。

その日のうちにやらなければならないことなら、手の甲にToDoを記入する方法もいいでしょう。

なんといっても手の甲に書かれた文字は、毎日数十回以上視界に入るための行動のキッカケとしての効果は抜群です。

記入するペンが油性であったとしても、徐々に消えてしまうため、文字が消えてしまう前に作業を終わらせたいという動機も生まれる可能性があります。

手に書いたToDoのメモを他人に見られるのは少し恥ずかしいかもしれませんが、その恥ずかしさがあるからこそ、早く行動を完了させて手の甲の文字を消そうとも思えるでしょう。

削除の喜びも重要！

←

ToDoリストは、終了したら削除することも重要です。

自分のパソコンや机や手帳にたくさんのメモや付箋が貼られ、増え続けて処理できなくなってしまっては良くありません。

ToDoリストは、作業終了時に、記入内容に二重線を引いたり、付箋を剥《は》がして捨てましょう。それが強化子となるからです。

視覚で認識できるToDoリストは溜めてしまうと、それ自体が嫌悪刺激になります。

その逆に、削除したり、捨てたりして、ToDoが減っていくと、手ごたえを感じられます。

リストの行動項目が減ることで次の行動が促されるなら、それは「除去型強化」です。

ToDoリストは、「企画を考える」のような行動の強化子（企画がひらめいて文書化される）が生じるまでに、やらなければならない動き出すために負担のある行動を促す役割を持ちます。

つまり、「即時結果VS遅延結果」の問題への対策なのです。

ポジティブな将来の結果を手にするまでに、やらなければならない数多くの行動をやり抜くために、除去型強化（達成したリストの削除）を自分で行なっているのです。

この理屈がわかれば、リストを削除することの重要さも理解できると思います。

リストの行動が完了できたら、できるだけ早く達成感を味わいつつ、二重線を引くなり付箋を剥がすなりして、ポジティブな即時結果を自分に与えてあげましょう。「よしよし」と頷《うなず》きながら付箋を剥がして、ゴミ箱に捨てましょう。

小さな喜びがこまめに得られる機会を大切にすることが、先延ばしをせずに予定通りに行動するためのコツです。

打率は低いが安打が多い選手が最強！

作業を始めることができればそれなりに行動できるけど、始めることが難しいという人はきっとたくさんいるでしょう。

これは、行動の始発に関する問題です。

「作業を始めることはできるけど、集中が続かずにすぐにやめてしまう」という問題を持つ人もいますが、行動の始発で悩んでいる人のほうが圧倒的に多いのです。

作業が始発できなければ、何も進捗《しんちょく》しないわけです。

・重要な仕事があるのに始められない
・期限が迫っている試験があるのに勉強に取りかかれない

・ジョギングをすると決めたのに、いざやろうとするとできない
・美しい体をつくりたいのに、筋トレが習慣化しない

始発できるけど途中でやめてしまうことよりも、**始発できない問題のほうが悩みが深いのは明らか**です。

集中時間が短いとしても、何度も繰り返し始発できれば作業は進みます。**「集中できない問題」の解決も、始発の頻度を増やすことで解決が可能**です。

応用行動分析学には、行動連鎖という概念があります。日常における行動というのは、小さな行動がドミノ倒しのように連続的に生じることで成立しているという考え方です。

たとえば、「アメをなめる」行動を考えてみましょう。

「たくさんのアメが入っている袋を開ける」→「袋からアメをひとつ取り出す」→「アメを個別に包んでいる包装を開ける」→「中のアメを取り出す」→「アメを口の中に入れる」→「舌を使ってアメを口の中で転がす」

という一連の行動が滞りなく連鎖することによって、ようやくアメの味を楽しむことができます。

私たちが日常の中で行なう行動の多くが、行動連鎖によって成り立ちます。行動連鎖は、最初の行動が始まらなければその後の行動が生じないことになります。

逆に言えば、最初の行動さえ起こせれば、その後の行動連鎖は流れのままに生じてくれます。

肝心なのは、行動の始発です。

行動の始発が問題なら、その行動を細分化して行動連鎖の最初の行動を標的とするのが一番の手です。

たとえば、パソコンを使った作業の場合は、パソコンを立ち上げることが最初の行動、つまり標的行動です。ノートパソコンを使うのであれば、ノートパソコンをカバンから取り出して開くことが標的行動になります。

つまり、いつも先延ばししている作業がある場合、その作業をやるかどうかはともかく、パソコンを立ち上げることを標的にして、**「立ち上げることができれば良しとして問題ない！」**と私は言いたいのです。

パソコンを立ち上げても、作業しないなら意味がないと思われるかもしれません。しかし、パソコンを立ち上げたうちの3回に1回でも作業に取り掛かれたなら十分な成果です。

3回のうち2回は作業をしないわけですが、野球では打率3割のバッターはとても優秀とされます。先延ばしの多い人なら、4回に1回の割合で作業できたらすごいことです。

打率が低くても、打席に立つ回数を増やせば安打の数は増えます。パソコンを開く回数を上げれば、作業に取り組む時間も長くなります。単純な話です。

●「作業など完了させなくてもいい！」くらいの気持ちで！

「行動を始発したからには、最後まで行動を完了させなければならない」という完璧《かんぺき》主義な発想をしてしまうと、時間に余裕があって体調が良いときくらいしか行動を始発できなくなってしまいます。

途中までしか行動できないことに嫌悪を感じるため、行動の阻止が生じるからです。**中途半端な作業になることが弱化子となり、その弱化子が出現することを阻止するために、行動を始発しない（随伴性）ということになります。**

そのため、行動を完了できる状況で作業をしたいと思うわけですが、時間に余裕があって体調が良いときなど、そう簡単に訪れるわけではありません。

今は余裕がないとか、体調が万全ではない、という理由を見つけては、先延ばしをしてしまうのです。

「時間に余裕がなくても、可能な範囲で少しでも作業ができれば良い」

「体調が悪くても、少しぐらいならできる作業があるかもしれない」

そういった思考を持って、最後まで作業を完了できないとしても、行動を始発させるのが先延ばしを防ぐテクニックです。

つまり、行動の完了を標的行動にするのではなく、行動の始発を標的行動にするということです。

〝無意識に〟〝自動的に〟行動してしまう場所とは？

行動の始発を標的とした場合、生活の中で行動を始発できるタイミングをいろいろと探してみることをおすすめします。

行動の成果や時間ではなく、始発を標的にすることで、行動するタイミングを創出することが可能になります。

日常生活のスキマ時間を活用できれば、行動を始発する頻度を上げることができるのです。

たとえば、よく知られた方法としてトイレを活用する方法があります。トイレの壁に覚えたい英単語や歴史年表などを貼っておいて、トイレを使用している間に記憶するようなことです。

昔からの伝統的な方法ではありますが、大変効果的です。誰もが毎日利用する家のトイレは1日5分の滞在だとしても、月に約150分滞在しています。

この時間を活用しないのはもったいない。しかも、トイレは個室で、他の人が入ってくることもありません。つまり、とても集中しやすい環境です。

この方法の**最大の長所は、行動の始発を意識して準備する必要がない**ことです。トイレに座ってしまえば、自動的に行動に必要な準備ができているため、あとは文字を読めばいいだけです。

興《きょう》に乗ることができれば、5分と言わず10分や20分滞在しても大家族でなければそれほど問題にはならないでしょう。

トイレでできるような作業しかできないのが難点ではありますが、工夫すれば様々な作業が可能だと思います。

心理的な抵抗感もあるでしょうが、そこは慣れです。作業の重要性が高いのなら、チャレンジする価値はあります。

また、人と会う約束があるとき、待ち合わせ場所に約束の時間より30分以上早く行くようにして相手が来るまでの時間に仕事をするのもいい方法です。

待ち合わせることが多い仕事の人は特に有効でしょう。カフェやベンチや自動車の中など……。持ち運べるパソコンやスマホなどで行なえる仕事に限定されますが、こうしたスキマの時間は集中しやすくて仕事がはかどります。

意識的に待ち合わせには早めに到着するようにすることで、行動の始発が増えるのです。遅刻も減るし、一石二鳥です。暇つぶしにSNSを眺めるよりはずっといいでしょう。

行動回数が増える「ワーク・レジャー・バランス」法

←

スキマ時間を活用する別のアイデアとして、自動車移動が多い人であれば、高速道路のサービスエリアやパーキングエリアに止まったタイミングで、仕事をする方法があります。

高速道路を運転していれば食事やトイレなどで必ず利用するので、止まったタイミングを行動の始発のキッカケとして活用するわけです。

最近のサービスエリアは、充電用の電源がある席やワークスペースを設置していることも多く、しかもほとんどの場所は滞在するだけなら無料です。24時間利用できることも多く、空調も完備されています。小さなパーキングエリアはそこまでの設備はないかもしれませんが、車内で作業するならそれでも問題ないでしょう。

すごろくの人生ゲームで道を進みながら途中でお金を稼いでいくようなイメージで、高速道路を進みながら仕事を進めていくのは、ゲーム感覚もあってなんだか楽しいものです。

仕事の即時結果がネガティブなら、行動は起きにくくなります。少しでもネガティブさが緩和されるアイデアをたくさん持つことができれば、自然と仕事の始発が増えるに違いはありません。

必要な仕事に手がつかず息抜きとばかりに好きなことばかりしてしまっている場合

は、その**余暇活動をした時間だけ仕事をするというルール**を自分に課すのも面白いでしょう。

たとえば、仕事をしたいのにそんなときに限って面白い動画を見つけてしまうことがあります。

そんなときは、仕事をするかそれとも動画を観るか苦しい決断に迫られるわけですが、多くの場合は動画を観てしまいます。

どうせ観てしまう可能性のほうが高いのなら、動画を観るけれども動画を観た時間の分だけ仕事をすると決めて、気分良く動画を観ましょう。

これを繰り返すと、**「好きな活動」と「始発しにくい活動」を交互に行なう形になりますが、このやり方は大変効果的である**ことが知られています。

知り合いのサウナ好きな人が、「忙しいときでもサウナに入りたくてしょうがない。サウナが我慢できずに困っている」と私に相談してきたことがありました。

そのとき私は、「サウナを我慢するんじゃなくて、サウナに入った時間と同じだけ仕事をするルールにすれば、サウナに入るほど仕事が進むことになるよ」と助言しました。

この「ワーク・レジャー・バランス法」とでもいうべき方法は、余暇活動の時間を制限しないため、仕事に使える時間が少なくなるという不安を持つかもしれません。

しかし、そもそも手につかずに先延ばししている仕事なのであれば、確実性の高い行動始発の機会が増えたほうが有益です。

実際、私が助言をした知り合いは、サウナ施設の中で一番気が進まない作業を完了することができたとのことです。その後は、サウナに頼らなくてもスムーズに仕事が進むようになりました。

特に手が止まる作業については、余暇の力を借りるのもいいでしょう。

偶然の力に従う傾向を利用して〝2分の1の確率〟で始める

←

先延ばししたくなる作業を目の前にしたとき、「今やるべきか、あとでやるか」で迷うことがあります。

多くの場合、今やったほうがいいわけですが、あとでやる選択肢を思いついてしまうとそちらに引っ張られる可能性が高まります。

そんなときの対処としては、**「コイントス法」**が効果的です。

コイントスは２択の決定をするのに昔から用いられる方法であり、指でコインをはじいて激しく回転させ、手の上などで静止したときのコインの上面が表か裏かで物事を決めます。

今でも、サッカーやアメフトなどで、試合開始前に最初にボールを持つ側を決めるのに公式ルールとして行なわれています。

つまり、コイントスをしてコインが**表なら今やり、裏ならあとでやる**ことを決めるのです。

先延ばししたい仕事について、今やるかあとでやるか考えても、時間をかけて考えるほどあとでやるほうに流されるものです。

それなら、**2分の1の確率で今やる可能性があるコイントス法は、実行する価値があります。**

漫画『鬼滅の刃』の女性剣士カナヲが、判断に迷ったときコイントスをして決めていたシーンを知っている人はイメージしやすいでしょう。

私たちは、コイントスやじゃんけんやサイコロなど、偶然性によって決められたことには抵抗せずにあきらめて、その結果に従う傾向があります。

その偶然の力に行動の始発を促してもらうのも一興です。どうせやるなら、楽しいほうがいいですし。

やっぱり15分ルールは使える！

←

私の師匠（大学院での指導教員）は、研究発表や講演などで多くの人が本当に集中して話を聞けるのは「15分ぐらい」なのだと教えてくれました。

15分以上同じ話題を続けないほうがいいと、プレゼンの指導をされたのです。15分は短いように思うかもしれませんが、そうでもありません。実は、1分でも、意識して計ると案外長く感じます。

よく思い出すと自分も講演などで難しい話を聞いているときは、だいたい15分ごとぐらいに集中が切れて、関係のないことを考えているような気がします。

つまり、60分の発表や講義をするなら、15分ごとぐらい、つまり3回は話の展開を変える必要があります。

起承転結のように、60分を4分割して話題を展開させないと聴衆は集中を維持できないということです。

これも「即時結果VS遅延結果」の原則で説明できます。

60分という遅延結果に、人はなかなか耐えられません。60分の話を強化子なしに聞き続けることはできないのです。60分の話を聞くには、その途中で細かく強化子が配置されていなければなりません。

それがなければ、他のことを考え始めてしまったり、眠くなってしまったりするのです。少なくとも15分に1回ぐらいは強化子が必要でしょう。

人の話に集中できるのは15分。このルールは、自分ひとりで行なう作業についても適用可能です。

たとえば、今から90分ぐらいの時間を使って仕事をしようと思ったとき、15分を1セットとして「90分の中で何セットできるかな」と考えてみます。

15分×6セットで90分ではありますが、それでは一度も集中を途切れさせないで作業し続けることになるので非現実的です。

現実的な計画としては、15分×5セットで計75分、各セットごとに4分の休憩を入れて4分×4回で計16分、作業75分と休憩16分で総計は91分といった感じになるでしょう。

つまり、90分の中で15分を5セット行なうことが目的となります。逆に言えば、15分ぐらいは休んでもいいと考えることができます。

このような発想ができることには、とても価値があります。多くの人は、90分の時間があるのだから、90分すべて集中して作業することを目標としてしまいがちです。

この目標は先ほど言ったように現実的ではないので、かなりうまく作業できたとしても集中できている時間は75分ぐらいでしょう。

しかし、**90分を目標にしていたので、75分できたとしても素直に喜ぶことができません。もしかしたら、予定通りにできなかったと感じるかもしれません。**

かなり頑張れているのに、十分ではなかったという自己評価になってしまい、75分の努力に対して強化子を提示できていないのです。

●「何時間より何セット」を意識してみる

セルフマネジメントの仕組みとして十分な行動ができているのに、強化する機会を失っているので、これは大変にもったいないことです。

15分を5セットぐらいという現実的な目標であれば、75分で目標達成となり、ポジティブな自己評価をすることができます。次も頑張ろうという気にもなるでしょう。

しかも、セットごとに自己強化として、お茶を飲んだり、チョコレートを食べたりできれば、小さな即時結果（強化子の提示）を繰り返すことができるので、行動の継続が期待できます。

何時間頑張れるかではなく、何セット頑張れるかを考えることで思い通りに行動できる可能性がぐんと上がるのです。

また、15分ルールの応用も考えてみましょう。

他にやりたいことがあってやるべき作業を始めることに抵抗があるとき、1セットだけでもやろうと思うことができたらすばらしいものです。

他に誘惑があるときや忙しいときでも、1セット15分できた実績にはとても価値があります。

今後、生活の中で生じる15分程度のスキマ時間があれば、作業をする可能性が上がったからです。

さらに、15分のつもりで始めた作業であっても、やってみると調子が出てきてポジティブな自己評価が発生するため、もう1セットやろうと思うかもしれません。

タイマーを使うなら、数字式より視覚式

15分ルールに基づいて行動するとき、タイマーを使うとさらに強力な効果が得られます。

タイマーで15分をセットして、カウントダウンをすることで、セット数を意識しながら行動することができるからです。

タイマーの存在は、標的行動を始発する「キッカケ」となって、セルフマネジメントにおける自己教示の役割を果たします。行動力を上げるのです。

近年は、様々なタイプのタイマーが販売されていますし、スマホのアプリとしてもたくさんの種類を使うことができます。

シンプルなキッチンタイマーでもちろん問題ないですが、砂時計やオイル時計のような時間を数字ではなく、視覚的に表現するタイマーもあります。

視覚的に時間を示されたほうが、直感的に残り時間を把握できるので、より強い影響力が見込めます。

そうした効果を目的とした商品（視覚的タイマー）は様々なものが売られているので、ネットで検索してみるといいでしょう。

自分好みのタイマーを用意することで、15分ルールの活用が促されるし、タイマーを使うこと自体が楽しく感じられるようになるものです。

やるべきこと以外できなくなる「時間課金」法

15分ルールの応用法として、ネットカフェなど時間で課金される環境を活用するのもひとつの手です。

ネットカフェやコワーキングスペースでは、10分ごとや30分ごとや1時間ごとなど、単位は様々ですが時間の経過に伴って課金されます。

3時間パックや6時間パックといった長時間の単位で課金される場合もありますが、時間で課金されることに変わりはありません。

お金を使ってでも集中したい場合は、このような場所で15分ルールに基づいてタイマーを使うとより強い影響を自分に与え、行動を促すことができます。

15分間、作業せずにぼーっとして過ごすと、お金をムダにしたという嫌悪感が生じるからです。

この嫌悪感は、作業以外のことをした15分に対する即時結果（弱化子）になるため、作業以外の行動が弱化されます。

つまり、作業する行動がより促されるのです。

スマホやスマートウオッチなどで、15分ごとにアラームが鳴ったり振動したりするように設定するといいでしょう。

ただし、お金を失うことが嫌悪的過ぎると、作業自体が嫌いになってしまいます。お金に余裕があるときや、「この日だけは、ストイックに自分を追い込んでも仕事をしなければならない」というときに実行することをおすすめします。

「スタートダッシュ＆締め切り」効果で大目標を楽々クリア！

一定時間行なう作業を、ずっと同じペースで行なうことは難しいものです。

多くの人が、作業始めは集中して速いペースで行ないます。そして、疲労とともに徐々にペースが落ちていきます。終了時間に近づくと、最後の踏ん張りで集中力が復活してペースが上がります。だいたい、このようなペースで作業をするでしょう。

このように作業の最初に効率が上がることを**「スタートダッシュ効果」**と呼び、終わりが近づくと効率が上がることを**「締切効果」**と呼ぶことにします。

なぜ、このような効果が生じるのでしょうか。

作業を始めたばかりのときは、作業による疲労や、失敗や、思い通りに進まないイライラなどのネガティブな即時結果が生じていないため、達成のために高い動機があればスタートダッシュ効果が生じます。

そして、作業の期限や終わり時間が近づくと、中途半端のまま作業が終わらない結果が現実的になるため、作業が残るというネガティブな結果になることを阻止するために締切効果が発動します。

「弱化子出現の阻止」の随伴性です。この２つの効果は多くの人に共通して生じる現象なので、うまく活用できるといいでしょう。

時間に余裕があって、締め切りがずいぶん先の仕事の場合、長期に渡ってコツコツ仕事を続けることはとても難しいものです。スタートダッシュ効果と締切効果が発揮されるタイミングは、一度ずつしか生じないからです。

逆に言えば、**スタートダッシュ効果と締切効果をたくさん発生させることができれば作業は効率的に進む**でしょう。

・資格試験の勉強
・仕事上の大きなプロジェクト
・美しい体をつくるためのダイエット
・10キロやせるためのジョギング

長期に渡ることを短期間の作業に切り分けて、締め切りをたくさん設定すればいいのです。

一般的に、長期目標を達成するために短期目標を決めることが多いのは、こうした理由からでしょう。

短期目標を複数設定して連鎖的に実行していくことで、短期目標ごとの締め切りができます。すると当然、スタートダッシュ効果と締切効果が繰り返し発生するため、作業の効率性が高まります。

長期目標のみだと目標に対する結果が生じるのはずいぶんと先になるため、遅延結果に支えられることになり、行動が促されにくいとも言えます。

やはり「即時結果VS遅延結果」の原則から、短期目標を設定することで即時結果の強い影響力を活用しているのです。つまり、短期の「目標設定」による自己教示と締切ごとの「自己評価」を繰り返すセルフマネジメントを実行しているのです。

セルフマネジメントの根幹は、遅延結果では維持できない標的行動に、即時結果が繰り返される随伴性を組み込むことであるのを忘れてはいけません。

第 6 章

それでも、
うまくいかないときの
セルフコンパッション

〜どんなときも〝何度でも〟〝やさしく〟
自分をはげまそう〜

「頑張りたいのに、頑張りたくない」これも人間の特徴

ここまで、思い通りにならない自分に対して様々な工夫をすることで、予定通りに行動できるようになる方法を解説してきました。

しかし、人生は思い通りにはいかないものです。人生は偶然や気まぐれに大きく影響を受けますし、他者との集団生活を送る上では自分の思うようにはできないことばかりです。

何度も失敗を繰り返しながら、人は成長していくものです。自分の思い通りにいかない場面があるのは、自然なことでしょう。

自分に完璧を求めてはいけません。

「困難にぶつかっては落ち込んで、前進と後退を繰り返すことが人生である」と受け入れたほうがいいでしょう。

もちろん、思い通りにいかない自分を改善する方向性が間違っているわけではありません。行動を改善するべきですし、行動分析学はそのための学問です。

ただ、改善する努力をする一方で、思い通りにいかない自分を受け入れることも大切です。

一見矛盾する2つの考え方を共存させて、両立させることができるのが人間であり、人の能力であり、人の大きな特徴でもあります。

こうした**心理面の両価性は、人の思考や感情においてよく見られます。**

たとえば、挑戦するとき期待と不安は共存しやすいし、大切な人の巣立ちでは喜びと悲しみが共存します。

反対の関係にある感情が同時に生じたからといって異常なことではなく、そのようなことが可能なのが人の特徴であると理解しましょう。

努力したい気持ちと努力したくない気持ちが共存するのは、おかしなことではありません。

先延ばしをするのは人として普通のことであり、全く先延ばしをしないことを求めるのは現実的ではありません。

できないことを求め続けると、メンタルヘルスに不調が生じてしまいます。

ある程度の先延ばしをしてしまうことを見越して、実害が出ない程度の先延ばしは認めることも重要です。

そのうえで、実生活に大きな問題が出ない程度に行動を管理することが肝要です。

マッチョな〝打たれ強さ〟より、すぐ回復する「しなやかな強さ」

←

しかし、思い通りにいかないのが人生であると理解したとしても、思い通りにいかなければ落ち込んでしまうのが人の常です。

都合良くネガティブな感情の発生だけをコントロールすることはできません。

レジリエンスの概念図

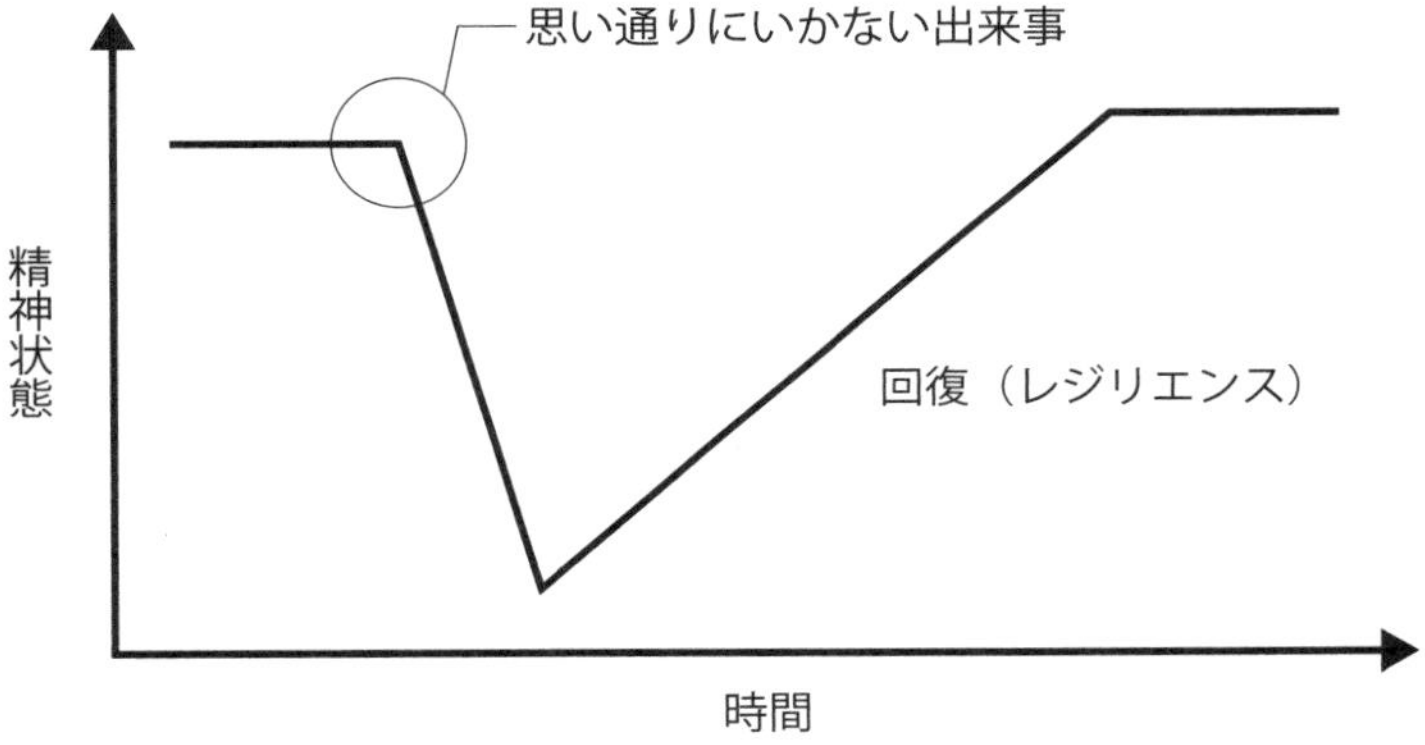

思い通りにいかない出来事があると精神状態はネガティブな方向へ悪化します。

ただし、落ち込むこと自体はなかなか回避できないとしても、落ち込んだ状態から回復することはできます。

早めに気持ちや思考を切り替えて、精神状態をポジティブな方向へV字回復させることができれば良いのです。

このように、心理的な逆境から回復していくプロセスをレジリエンスと言います。

レジリエンスとは、変形した物質が元

に戻ろうとする物理的な力のことを言ったり、伐採された森林が元の状態に戻ろうとする自然の回復力を意味する言葉でもあります。

近年は、**精神状態の回復力を表現**することにも使われるようになりました。

我が国では、レジリエンスという概念が広まった特殊な事情があります。

東日本大震災で多くの人が悲劇に遭ったことで、強いストレスにさらされたあと、メンタルヘルスに不調を起こした人がとても多かったわけです。ただ、調査の中で比較的早く、日常を取り戻した人の存在も明らかとなりました。

その結果、そうした回復力の高い人の特徴、つまり精神的なレジリエンスの高さに注目が集まったのです。

ビジネスの業界でも、学歴やＩＱよりもレジリエンスの高さが仕事の成功にとって重要であるという考えが広まり、私が身を置く教育業界でも集団活動の適応にレジリエンスの高さが必要とする意見を聞くようになってきています。

私たちが日常生活で直面する様々な問題に対処するためには、当然のことながら自分に合った方法を見つけるために試行錯誤《しこうさくご》を繰り返すことが必要です。

試行錯誤というのは、試すことと失敗することを繰り返す中で正解を導き出す学習方法です。試行錯誤をするには、失敗しても挑戦をやめない行動力が必要です。

ここで言う行動力とは、**失敗しても落ち込まないような打たれ強さではなく、失敗して落ち込んでもすぐに回復して挑戦を繰り返せるしなやかな強さ**、つまりレジリエンスです。

たとえ失敗続きでも〝メンタル的には大丈夫！〟な自分をつくる

思い通りに行動できないとき、前述したセルフマネジメントの対策を検討して実行し、その状況に合った方法や自分に合った方法を発見する努力をすべきです。

しかし、そのためには失敗しても試行錯誤を続けられるしなやかな強さ、レジリエンスの高さが必要です。

思い通りにいかない状況での対策法を知識として知っていたとしても、その対策の〝どれを用いて〟〝いつどこで始めれば良いのか〟など、実践するために検討すべきことがいくつもあります。

予定通りに物事が進まない嫌悪状況で、そうした前向きな検討をすぐに開始するのは、そう簡単なことではありません。

自分を大切にする技術「セルフコンパッション」とは？

それでは、レジリエンスを高め、実践のための前向きな検討を開始するには、どうすれば良いのでしょうか。

失敗が続くような逆境においても、**「前向きな検討を開始するキッカケとなるような言葉を自分にかける」**のが、オーソドックスでやりやすいかもしれません。

逆境にいる自分を慰《なぐさ》めたり、励ましたりする声かけです。

たとえば、思い通りの結果が出なかったときに、「良くできた部分もあったから、まあいい」と細部に目を向けることで自分を慰める。

「完璧な人なんていないんだから、気にしてもしょうがない」と気持ちを切り替える。

「今回の目標には届かなかったけど、前回よりは良くなっているから問題ない」と、物事の全体を見るような視点で結果を捉える。

「自分の苦手なことがわかって良かった」「次からどうしたらいいかわかった」と、今後に資する情報が得られたことを成果と捉えたりしてみるのです。

このように、**逆境にいる自分に対して優しく慰めたり、励ましたりすることをセルフコンパッションと言います。**

自分の大切な人、友達や家族が落ち込んでいるときに優しく励ます行為をコンパッションと言います。その行為を自分に対して行なうことが、セルフコンパッションです。

つまり、自分の大切な人と同じくらい、自分のことも大切に扱うことを意味しています。

仕事や作業に追われる中、思い通りに物事が進まない状態が続くことはそれなりのストレスであり、普段気にならない些細《ささい》なことでも感情を揺さぶられてしまいます。ちょっとしたことに怒りを感じたり、感情にふり回される自分が嫌いになったりするかもしれません。

そんなときは、セルフコンパッションを駆使してください。

試行錯誤しながら、落ち込んでもレジリエンスで回復し、自分に合ったセルフマネジメントの方法を選んで実行するのです。

ネガティブな思考が繰り返されるときには、セルフコンパッションとして、

「集中できないときもある、ほんの少しでもいいから今できることをやろう」

「すぐ結果が出なくても、やると決めたことを実行することが大切」

「苦手だからこそやる意味がある」

などと、自分に声をかけてみましょう。

自分の思い通りにならない状況を理解したうえで、自分を優しく励ます言葉をかけると、行動が促されます。

行動をしても成果が出ないときの自分への言葉のかけ方

セルフコンパッションのような自分への優しい励ましの言葉は、自己強化として活用することができます。

思うような成果が出ていないとしても、行動を起こしたことは強化する必要があります。

成果というのは、1位になったとか、目標の契約数を達成したとか、平均点を超えたといったような、ある種の目標を達成したことを意味します。

しかし残念ながら、努力し、行動し続ければ、その分だけ成果が得られる保証はありません。様々な偶然の影響を受けるからです。

どんなに作業を頑張りたくても緊急事態が生じればその対応に追われるし、自分の体調がとても悪いときもあります。

他の人と一緒にやる仕事であれば仲間の調子次第で成果が変わるでしょうし、誰かと競うような運動であれば相手の能力次第で成果が変わるでしょう。

試験の点数のようなものであれば、設問の難易度やうっかりミスのようなものの影響を受けざるを得ません。

成果を得ることのみを強化子にしてしまうと、大変な努力をしたけれど偶然の要因によって成果が出ないときに、努力を強化することができません。

これは大きな問題です。

行動としては申し分のないことをしているのだから、その行動を続けるべきなのに、たまたま成果が出なかったことで、行動が強化されずに減っていくのは非常にもったいないことです。

成果が出なくても行動としては間違っていないとき、その行動を強化する必要があります。

そんなときに、セルフコンパッションの言葉は役に立ちます。

「すぐ結果が出なくても、やると決めたことを実行したことがえらい！」と自らに声をかけて、成果がなくても行動したことを強化するわけです。

成果が出ないとき、自分を責めたり自分を否定したりするのではなく、「今回の目標には届かなかったけど、前回よりは良くなっているから問題ない」と自分を優しく励ます言葉によって自己強化をするのです。

この自己強化はセルフマネジメントの一部として機能します。自己強化は、わかりやすいご褒美を自らに与えることだけを言うわけではありません。セルフコンパッションの言葉を自らに与えることは、自己強化を実現する強化子です。

自分には100％やさしく接すること！

←

強化子は、様々な分類の仕方が可能です。セルフコンパッションのような自らに与える言葉が、どのような強化子と言えるのか考えてみましょう。

● 1 自己強化子VS他者強化子

他者から与えられる他者強化子に対して、自分で自分に与える強化子を自己強化子と呼びます。つまり、セルフコンパッションの言葉は自己強化子と言えます。

他者から褒められる言葉がとても強力な強化子になることはわかると思いますが、このような他者強化子には大きな欠点があります。

他者強化子が与えられるかどうかは、他者に依存しているため、非常に不安定ということです。

他者から、欲しいときに欲しい言葉をもらうのは簡単なことではありません。褒めてくれそうな親しい他者が見ている前で、標的行動をしたり、行動したことを詳しく伝えたりしなければならないからです。

また、行動を見てもらえたとしても、必ずしも望むような褒め言葉が得られるわけではありません。

特に、わかりやすい成果がなければ、他者が褒めてくれる可能性は下がります。

望む結果が出ていない相手をどのように褒めれば良いのか、適切な言葉を見つけるのは難しいのです。

それに比べて**自己強化子は、やり方さえわかれば安定供給が可能**です。

自分の行動の観察は常に自分でしているわけですから、行動の直後に言葉の強化子を自らに与えることができます。

しかも、どんな言葉で自分を励ますのかを自分で決めることができます。

わかりやすい成果が出てないのに、自分を褒めるような言葉をかけることに抵抗を感じる人もいるでしょう。しかし、行動科学的には、成果が出ていないときこそ行動を促す強化のメカニズムが必要です。抵抗感を乗り越えて実行する価値はあります。

●2　即時強化子VS遅延強化子

セルフコンパッションのような自分にかける言葉は、自分が求めている行動の直後に実施することができます。つまり、即時結果です。

たとえ失敗しても、直後に「よし、次からどうすればいいかわかった」と励ます言葉を自分にかけることができます。

言葉による自己強化は、即時に実行しやすいことも大きな長所です。そのため、セルフコンパッションは即時強化子と言えます。

努力を積み上げて得られる成果は遅れてやってくる強化子なので、これを遅延強化子とするなら、成果が出るまでの努力を維持するためには即時強化子が必要です。

先に述べたように、個々の努力はうまくいったり失敗したりの繰り返しなので、即時の結果としてはネガティブなものになりやすい。

そんなときに、**自分を優しく励ます言葉をかけることは自己強化子であり、即時強化子でもある**わけです。

即時強化子は、行動の維持に強い影響を与えますから、セルフコンパッションの言葉がレジリエンスを高めることに重要であることはよくわかるでしょう。

レジリエンスが高いというのは、逆境においても自己を回復させ、日常を取り戻すための行動をし続けられることを意味しています。

だからこそ、その行動を即時強化する言葉が必要です。

第 7 章

今日から、日常の中に「自分が勝手に動き出す」仕組みを忍び込ませよう！

～最も伝えたい行動のコツ「5大強化子マトリクス」～

行動の改善とは、強化子の改善である

思い通りにならない自分――。

これは、思い通りにならない自分の〝精神〟ではなく、思い通りにならない自分の「行動」と考えるようにしましょう。

ここまで読んできたあなたはわかると思いますが、主に行動をコントロールしているのは、行動の結果です。結果がポジティブであったり、ネガティブであることで、行動が増えたり減ったりします。行動をコントロールしているのが、意志のようなものだと考えては、具体的な解決方法が見つかりません。

行動における具体的な解決方法とは、**どのような環境整備をして、どのような結果に自分を置くことができるのかを計画すること**です。

行動を強化する結果である強化子を、どのように生活の中に組み込んでいけば、自分の望む行動を自分にさせることができるのか、を考える必要があります。

日々の生活の中で、行動と強化子を連動させるイメージを持つことが大切です。

行動が自然に促され、繰り返されるように強化子を配置することが重要になります。行動を見直すのなら、強化子を見直すことです。

つまり、**行動の改善とは強化子の改善**なのです。

それでは、強化子を改善するためには、何をどのような手順で進めていけば良いのでしょうか。

まずは、**自分の生活の中にすでに存在している強化子を知ること**です。

自分が生活の中で自発している行動を思い起こして、それらの行動がどんな強化子で維持されているのかを考えてみましょう。

影響力が小さな強化子から、影響力の大きな強化子まで思い出してみてください。普段は自覚していない強化子がたくさんあることでしょう。

多くの人は、自分の強化子について大ざっぱにしか把握していません。精緻《せいち》に丁寧に、自分の行動に影響を与えている強化子について考えてみましょう。

そして、先延ばしにしている行動と連動させて、強化子を活用し、すぐに取り掛かるための方法を検討していきましょう。

そうはいっても、何か手がかりがなければ検討することが難しいのが強化子です。そこで私は、自分の強化子を整理するための様式として**「強化子マトリクス」**という表を作成しました（次ページ表）。

上段の横軸には、主な強化子の種類が書いてあります。

行動を増やしたり強めたりする結果はすべて強化子なのですから、強化子というのは無数に存在します。

そのためすべての強化子の種類を分類することはできないのですが、主な強化子の種類として5つを取り上げました。

私たちが食事に関して無数にある栄養素を把握するために、タンパク質・脂質・炭水化物・ビタミン・ミネラルという5大栄養素の概念を利用しているのを参考に、5種類にしました。

5大栄養素に倣《なら》っての、5大強化子というわけです。

強化子マトリクス

	【生活】食べ物、睡眠、休憩	【対人】注目、笑顔、会話	【トークン】貨幣、ポイント	【文化】趣味、スポーツ、芸術、ファッション	【自己】自己記録、自己評価、セルフコンパッション、自己実現
15分ごと					
1時間ごと					
1日ごと					
1週間ごと					
1カ月ごと					

行動力を飛躍的に高める5大強化子とは？ ←

5大強化子は、**「生活」「対人」「トークン」「文化」「自己」**の5種類としました。それぞれについて解説します。

❶ 1　生活

生活に関する強化子は、**生きるために必要な強化子や、体が求めているような強化子**のことです。

最も代表的な強化子は食べ物に関することです。自分へのご褒美としておいしい物を食べている人はとても多いと思います。

食べることは、生存に必要な行為なので最も強力な強化子のひとつです。

食べ物や飲み物を得ることだけでも強化子になるし、食べる前の料理をする行為だけでも強化子になり得ます。

お茶やコーヒーを入れること自体が、飲むことと同じぐらい楽しいという人も多いでしょう。

さらに遡《さかのぼ》って、コーヒー豆を買うこと自体でも、コーヒー豆の種類にこだわりのある人なら十分強化子になります。

こうした強化子を、先延ばしにしている作業に連動させましょう。

食べることは日々行なっていることなので、たとえば、食べる直前の15分だけでも先延ばししている作業に取り組めれば、その作業はその後も繰り返されるようになり、大きな成果になっていきます。

チョコレートの特定の銘柄のものを、先延ばしにしている作業の途中でのみ食べることにするのも筋が良さそうです。

睡眠や休憩など、体を休めることも強化子になります。

作業中に適宜《てきぎ》休憩をとることや、長時間作業に集中できたときには横になって仮眠したり、散歩をしたり、シャワーを浴びたりするのも効果的でしょう。

最近は、入浴施設やサウナ施設の中にワーキングスペースが設置されていることも多くなってきました。

仕事に行き詰まっているときには、そういった場所で仕事をしてからお風呂やサウナに入ることを試してみるのもいいと思います。

お風呂やサウナは非常にリラックスする場所でもあるので、強化子になるだけでなく、アイデアがひらめいたり考えが整理されたりする可能性もあります。

●2　対人

対人とは、**他者との関係から得られる強化子**の種類です。代表的なのは注目に関する強化子で、他者の視線や笑顔や会話などが含まれます。

注目は、行動力を強める大きな力を持っています。自分の努力に対して、笑顔や褒め言葉などのポジティブな注目があれば行動は促されます。

また、注目は他者と対面する場面だけではなく、メールやＳＮＳといったインターネットツールを介して得ることもできます。

たとえば、自分が先延ばししているような行動であっても、仲間と一緒に行動する機会を設定することで、努力に対して仲間と注目を与え合うことができます。

仲間に作業の進捗をメールして、コメントをもらうのも強化子になります。信頼できる友人や家族に、作業の停滞や失敗をＳＮＳで伝えて、励ましてもらうことも強化子になります。

そういった、他者からの支援をソーシャルサポートと言いますが、自らソーシャルサポートが得られる状況をつくり出すこと、つまり強化子として他者との関係を持つことは広い意味でのセルフマネジメントと言えます。

●3　トークン

トークンとは、**集めると、欲しい物や、やりたい活動の権利と交換できるような強化子**のことです。代表的なのは、貨幣やポイントです。

貨幣やポイントは、一定の量を貯《た》めることで物や活動と交換できるため、強化子となって行動を増やしたり強めたりすることができます。

私たちの多くが仕事の報酬を貨幣でもらい、物やサービスの購入に対してポイントをもらっていることからも、強化子としての強力さは言うまでもないでしょう。

たとえば、先延ばしにしている作業に取り組んだ日は、自分に1ポイントを与えるマイルールを設定します。3ポイント貯まったら、ご褒美飯として外食に行く権利を得ることにして、作業に取り組むことを強化することができます。

ポイントの強化子は、自分の好きなタイミングで自分に与えることができるので、行動の即時結果にすることができるという利点があります。

カレンダーなどに、ポイントを得たことを示す記号や文字を書き入れて視覚化すると、強化子の効果がさらに高まるでしょう。

また、信頼できる協力者がいるのであれば一定の金額、たとえば5万円を協力者に預けて、1キロの体重が減少するごとに1万円を返してもらうような方法もあります。この方法は、お金が移動しているだけで損も得もしてないのですが、お金が返ってきたことは十分に強化子の役割を果たします。

不思議に思うかもしれませんが、似たような出来事はよく起こっています。たとえば、給与から天引きされていた税金が年末調整で現金として返されると嬉しいはずです。これと似ています。

もともと自分の物であったものが返ってくるだけでも、強化子となって行動を変える効果が見込めます。

●4 文化

文化に関する強化子は、**趣味やスポーツ、芸術やファッションといった余暇活動をすることによって得られる強化子**です。

休みの日など生活の中の自由時間に、労力や時間をかけて自発的に取り組んでいるような活動です。

生活のためやお金のためというよりは、その活動をすること自体が目的であり楽しみであるような活動です。

そうした活動に取り組むことを、強化子として活用することができます。

たとえば、動画を観ることや読書すること、スポーツ観戦や登山やボルダリングなど体を動かすこと、音楽を聴いたり歌ったり絵を描いたりすること。ファッション情報を見たり、美容室に行ったり、好みの服やアクセサリーを身に着けたりと、文化に関する強化子は人によって大きく異なります。

こうした強化子を先延ばしにしている行動に連動させることができれば、なかなか手をつけられなかった作業も少しは楽しくなるものです。

先延ばしにしている行動をした直後に、強化子になる活動をするように生活を設計するわけです。

大切なのは、楽しい活動をする前に目的の作業をすることです。楽しい活動を我慢するようでつらいと感じることもあるかもしれませんが、その場合はあまり欲張らずに短い時間だけ作業してみてください。

もともと先延ばしにしていたのだから、15分や30分でもやらないよりは100倍いいです。短い時間でも、スキマの時間を使って行動するクセをつけていきましょう。

また、とても先延ばしにしている作業であれば、その作業をしながら同時に音楽を聴いたり、オーディオブックを聴いたり、動画を流し観するのも悪くないと思います。

もちろん、集中しにくい、効率が悪くなるといったことは起こるかもしれませんが、何もしないよりはマシです。

先延ばししている作業は成果より、始発を重視するほうがうまくいくことは先に述べた通りです。

集中できる環境を整えてから作業しようと思うと、その環境が整うまで作業は後回しになります。

短時間でも「思いついたときにやる」を繰り返すことで、先延ばしの行動パターンを改善できるのです。

●5　自己

自己に関する強化子は、**自分に関する情報が得られること**です。

自分の成長や変化に関する情報を、記録やデータとして与えられることであったり、自分で自分の変化を言葉で表現することであったりします。

自分の行動についての記録をフィードバックすることは、行動の変化をもたらすので、そのフィードバックは強化子になります。

ポジティブな自分の変化を自覚したとき、いわゆる「成長感」や「達成感」を得ることができます。

先述したセルフコンパッションは、自分の置かれた状況や自分の過去の振る舞い、将来の行動指針について述べた言葉なので、自己に関する強化子となります。

また、他者に必要とされている自分の価値に気がつくことや、社会における自分の位置付けを知ることも強化子になります。

つまり、自分が人の役に立っていることや、社会の中に自分の居場所があることを感じて言語化することも強化子になるということです。

自分の夢や目標について語ることも強化子になり得ます。

自分の行なっていることや苦労しながらも努力していることが、自分の目指す方向に合致しているという感覚は自己実現と言われ、これも自己に関する強化子と言えます。

生活の中に「行動してしまう仕組み」を配置する

強化子マトリクスは、前述した５大強化子の種類が横軸になっており、縦軸は強化子が生じるタイミングを示しています。

この強化子マトリクスの空欄《くうらん》を埋めることで、自分の生活における強化子の配置がどうなっているのかを俯瞰《ふかん》することが可能になります。

強化子の観点から自分の生活を見ると、構造やバランスやレパートリーが浮き彫りになってきます。

強化子マトリクスの記入例

	【生活】食べ物、睡眠、休憩	【対人】注目、笑顔、会話	【トークン】貨幣、ポイント	【文化】趣味、スポーツ、芸術、ファッション	【自己】自己記録、自己評価、セルフコンパッション、自己実現
15分ごと	ポテチ1枚	仲間の笑顔・努力の姿		作業中の音楽など	自分の集中度を確認
1時間ごと	お茶休憩	会話、褒め言葉	1時間ごとのポイント制	動画、ネット	自分の行動を褒める
1日ごと	食事、仮眠、散歩、晩酌	SNSでの励まし	1日ごとのポイント制	読書、ゲーム、スポーツ観戦	完了したToDoリストを消す
1週間ごと	ご褒美飯、銭湯・サウナ	メールでコメントをもらう	ポイント交換のご褒美	カラオケ、ボルダリング	1週間の成果を確認、優しく励ます言葉をかける
1カ月ごと	整体・マッサージ	飲み会	給与	美容室、洋服などを買う	目標に向かう行動ができていることを確認

このマトリクスを作成しながら、強化子と先延ばしにしている作業を連動させてリンクさせる方法を考えていきましょう。

上の表は、強化子マトリクスの記入例です。

先延ばしにしている作業に手をつけ、行なっていくことができるようになる可能性のある強化子が書き込まれています。

もちろん、記入する内容は個々によって異なります。

普段から自分の生活の中に存在している強化子をベースに、こんな強化子もあったらいいなと思うものを記入していくといいでしょう。

それでは、強化子が生じるタイミングごとに記入例の説明をしていきます。

●1　15分ごと

先に述べたように、本書では一般的に人が高い集中を維持できる時間の基本単位として15分を目安にしています。15分ごとに得られる強化子とは、どのようなものがあるのかを考えてみるのはとても有効です。

記入例の**【生活】の15分ごとの欄に「ポテチ1枚」**と書いてあるのは、ポテトチップスの袋を横に置いて、時々かじりながら作業をするイメージです。

場面によっては行儀が悪いと思われるかもしれませんが、この程度のことで先延ばししていた作業が始められるならお得です。

カロリーが気になる人は、コーヒーなどの飲み物でもいいでしょう。

15分は目安ですから、数分ごとでもかまいません。

【自己】の欄にあるように、自分の集中度を確かめながら自分を褒めるようにポテチ

をかじると良いでしょう。

ポテチがなくなったら、**【文化】の欄にあるように好きな音楽を聴いて、**時どき「いい音楽だなあ」と思いながら作業をしましょう。

もし、近くに仲間がいて一緒に仕事をしているのなら、**【対人】の欄にあるように時どき仲間の笑顔や努力している姿を見る**と「頑張っているのは自分だけじゃないんだ。自分には助け合う仲間がいるんだ」と思えて、励みになります。

●2　1時間ごと

1時間から1時間半ごとに、私たちは休憩したくなるようです。

同じような作業をしていると、あきてきて集中が途切れることになります。この状態で無理に作業を続けても効率が悪く、嫌悪的になるので、**【生活】の欄にあるように「お茶休憩」**のようなちゃんとした休憩を取って作業の強化子とするのが得策です。

お茶を味わいながら「けっこう頑張ったな。やればできる」などと**「自分の行動を褒める」**と良いでしょう。

もし仲間がいるなら、**お茶を飲みながら会話を楽しみ、互いに努力を褒め合う**ことができれば最高です。

また、このときに**「1時間の作業に対して1ポイントのトークン」**を自分に与え、あとで1ポイントを15分の動画視聴や、ゲームのプレーに交換できるマイルールをつくるのも賢いやり方です。

【トークン】では、なかなか取り組むことができない難易度の高い作業内容の場合は、1時間2ポイント、3ポイントなどと柔軟に交換レートを変えてみてください。

動画やゲームはやり過ぎて依存になりやすい活動なので、やり過ぎを防ぐことにも役立ちます。

甘過ぎると思うかもしれませんが、制限したところでどうせやってしまっている活動であれば、強化子として活用して仕事や作業を促す役に立てたほうがマシです。

依存というのはやるべきことをやらずにその活動ばかりしているのが問題なのであって、やるべきことをした上でその活動をやっているのであれば大きな問題にはなりません。

●3　1日ごと

1日ごとの欄は、1日のサイクルの中で1、2回の頻度で生じる強化子を書く欄になっています。

【生活】では、たとえば、昼食や夕食は、ほぼ毎日定期的に生じるとても安定したイベントです。「食事」の直前に一仕事を行なう習慣をつくることができれば、思い通りにならない自分を変える大きなチャンスになります。

1日に一度ぐらいの休憩として、**「仮眠」を取って疲労感を回復させることや、「散歩」をして気持ちや思考を切り替えること**も有効です。

単に強化子になるだけでなく、精神神経的な疲労を回復させるので、その後の作業効率を引き上げることも期待できます。

また、**「読書」「ゲーム」「スポーツ観戦」などの【文化】系強化子**を帰宅後に楽しむ人も多いと思います。

単に作業後にそうした活動をしてもいいのですが、**【トークン】のポイントで交換できるご褒美活動としてリンクさせる**のも良いアイデアです。

さらに、日頃から付箋やアプリなどでToDoリストを活用している人は、その日に完了した「リストの項目を消したり、付箋を捨てたり」しましょう。

これ自体かなり気持ちの良い強化子になります。

このタイミングで、貯めると、週末のご褒美飯が可能になるポイントを自分に与え、お酒が好きなら「晩酌」をするのもいい手です。

もし、その日に思うように仕事ができなかったとしても、一部でも努力した部分があるなら、信頼できる人と**SNSでやり取りをして、励ましてもらいましょう。**

●4 1週間ごと

私たちは1週間のサイクルで行なっている活動も多いものです。言うまでもなく、学校や仕事の多くは1週間のサイクルで、週末の休日のときに強化子になるような活動をすることが多くなります。

外食で**「ご褒美飯」**を食べたり、自宅で豪華な料理をつくることもあるでしょう。

休日は、**「銭湯やサウナ」**に行って体調や気分を整えたり、**「カラオケやボルダリン**

グ」に出かけてスキルアップを目指したりする活動がしやすいものです。**日々の活動の強化子として貯めた「ポイント」を、休日に行なう活動に交換して使う**とちょうど良いサイクルになります。

先延ばしにしがちな上司への仕事の報告は、頻繁にはしたくないでしょうから、**「1週間ごとぐらいに成果を確認」**した上で、進捗をメールして「コメントをもらう」ことになりそうです。ポジティブなコメントであれば、もちろん強化子になりますが、相手のあることなのでネガティブなコメントの場合もあるでしょう。

その場合は、セルフコンパッションとして**「優しく励ます言葉」**を自分にかけて、早い回復（レジリエンス）を目指しましょう。

●5　1カ月ごと

私たちは、1カ月周期で行なっている強化子的な活動も多いですが、その理由は多くの人の**「給与」**が1カ月周期で得られていることに起因していると考えられます。

給料日直後の金銭的な余裕に応じて、**「整体やマッサージ」**などの比較的料金の高いサービスを受けたり、友人や仲間との**「飲み会」**を開催したり、**「美容室」**を利用したり、**「洋服などを買ったり」**するものです。

こうした魅力的な活動が可能なのは、1カ月の継続的な努力の結果であることはつい忘れがちになってしまいます。思い出して、自分に褒め言葉を与えましょう。

そして、できれば魅力的な活動の直前にも先延ばしにしている作業の一部を行なうようにしてください。

また、給料日には明細を眺めながら、1カ月間の自分が**「目標に向かう行動ができているのを確認」**することで、小さな自己実現ができていることを確認できます。

マトリクスの作成は、自分の生活がたくさんの強化子によって支えられているのかがわかるかもしれないし、逆にとても少ない強化子しかないと感じる結果になるかもしれません。

しかし、**そうした理解に至ることができる機会は強化子を改善するチャンス**と言えます。強化子のレパートリーを拡大し、バランス良く生活の中に配置することを考えてみましょう。**強化子を改善することが、行動を改善する**ことになります。

あとがき　思い通りにならないことは楽しい！

人生は、なかなか思い通りになりません。それは、苦しいし、悲しいし、情けなくもあります。

しかし、思い通りにならないからこそ人生は楽しいのかもしれません。

思い通りにならない自分――。やりたいのにやれない自分――。

思考と行動が一致しない自分に向き合うとき、私たちは自分という不可思議なものを理解したいと強烈に思います。自己理解は、人生の醍醐《だいごみ》味であり、代えがたい喜びでもあります。

世界を知ることと自分を知ることは表裏であって、どちらも知的好奇心をくすぐる対象です。

そんな自己理解の喜びは、思い通りにならない自分に向き合い、そのメカニズムに思いを馳《は》せることで得られるようです。

人の持つ業《ごう》とも言える両価性や、矛盾が生じるメカニズムを知る方法は様々あると思いますが、本書では行動科学的なアプローチによる説明に焦点を当てています。

私が行動科学の面白さに出会えたのも、やはり思い通りにならない自分への興味からでした。

思い通りにならない出来事が自己理解をもたらし、科学的な理解への扉を開いてくれたのです。

科学の特徴は、失敗を認めるところにあります。失敗に至った道筋を丁寧に分析することが、将来の発見を促すという原理に準じているのが科学であると思います。人の理解や自己の理解も同じやり方が有効です。思い通りにならない自分や予定通りに進まない作業を丁寧に分析することで、人とは何か、自分とは何かについての発見が促されます。

思い通りにならない自分に対する嫌悪感を乗り越えて、そんな自分に向き合うことで、仕事や生活の課題を解決できるだけでなく、自分の人生を豊かにする大きなきっかけも得られるはずです。

本書との出会いが、本書を読んでくれたあなたの自己理解の喜びに少しでも貢献できれば幸いです。最後までおつき合いいただき、ありがとうございました。

竹内康二

竹内 康二（たけうち・こうじ）

明星大学心理学部心理学科・教授。

博士 (心身障害学)。公認心理師、臨床心理士。

専門は応用行動分析学。

1977 年生まれ。筑波大学博士課程修了後、明星大学専任講師、准教授を経て現職。

学校や企業において、一般的な対応では改善が難しい行動上の問題に対して、応用行動分析学に基づいた方法で解決を試みている。

「すべての行動には意味がある」という観点から、一般的に「なぜ、そんなことをするのかわからない」と言われる行動を分析することを目指している。

著書に、『発達支援のヒント３６の目標と１７１の手立て』（共生社会研究センター）、『自閉症児と絵カードでコミュニケーション―PECS と AAC ―』（二瓶社／共訳）などがある。

めんどくさがりの自分を予定通りに動かす科学的方法

著者　竹内 康二

2023年7月1日　初版発行

発行者　横内正昭
編集人　内田克弥
発行所　株式会社ワニブックス
〒150-8482
東京都渋谷区恵比寿4-4-9えびす大黒ビル
ワニブックスHP　http://www.wani.co.jp/
（お問い合わせはメールで受け付けております。HPより
「お問い合わせ」へお進みください）
※内容によりましてはお答えできない場合がございます。

プロデュース　森下裕士
ブックデザイン　マツヤマチヒロ
本文・DTP　野中賢・安田浩也（システムタンク）
校正　広瀬泉

印刷所　株式会社美松堂
製本所　ナショナル製本

ISBN 978-4-8470-7321-2
WANI BOOKOUT　http://www.wanibookout.com/
WANI BOOKS NewsCrunch　https://wanibooks-newscrunch.com/